帆船运动

FANCHUAN YUNDONG

邢增乐 著

中国海洋大学出版社

·青岛·

图书在版编目（CIP）数据

帆船运动 / 邢增乐著 . —青岛：中国海洋大学出版社，
2024. 1

ISBN 978-7-5670-3676-5

Ⅰ . ①帆⋯ Ⅱ . ①刑⋯ Ⅲ . ①帆船运动 Ⅳ . ① G861.4

中国国家版本馆 CIP 数据核字（2023）第 201429 号

FANCHUAN YUNDONG

出版发行	中国海洋大学出版社	
社 址	青岛市香港东路23号	**邮政编码** 266071
网 址	http：//pub.ouc.edu.cn	
出 版 人	刘文菁	
责任编辑	矫恒鹏	
电 话	0532-85902349	
电子信箱	2586345806@qq.com	
印 制	青岛中苑金融安全印刷有限公司	
版 次	2024 年 1 月第 1 版	
印 次	2024 年 1 月第 1 次印刷	
成品尺寸	185 mm×260 mm	
印 张	15.25	
字 数	289 千	
印 数	1~2000	
定 价	59.00 元	
订购电话	0532-82032573（传真）	

发现印装质量问题，请致电 0532-85662115，由印刷厂负责调换。

前言

帆船运动是一项历史悠久的海上运动，也是一项绿色环保且又具有很高观赏性和冒险性的时尚运动。帆船运动集竞技、健身和休闲娱乐于一体，从事帆船运动能增强体质，磨炼意志，并能培养人们战胜自然，挑战自我的拼搏精神，它的独特魅力吸引了人们的广泛参与。

帆船运动是现代奥林匹克运动会的比赛项目，帆船运动已经成为沿海国家或地区最为普及的体育活动之一，也是各国人民进行体育文化交流的重要手段。

2008年北京奥运会之后，帆船运动像一阵春风吹遍了祖国的大江南北，特别是在我国沿海城市发展迅猛。近二十年来，我国帆船运动员在奥运会和世界锦标赛比赛成绩让世人刮目相看。美洲杯帆船赛、沃尔沃环球帆船赛、克利伯环球帆船赛等国际顶级帆船赛事出现了中国的船队，并取得了骄人的成绩。

随着国家经济的发展和人民生活水平的不断提高，各地帆船赛事蓬勃发展，为中国帆船运动的发展注入了强心剂。中国杯帆船赛、中国俱乐部杯挑战赛、环海南岛国际大帆船赛、远东杯国际帆船拉力赛、广西柳州杯帆船赛等国际帆船赛事办得如火如荼，并吸引了诸多国际强队和国际友人的积极参与。

在社会环境的影响下，中国的大学生也积极参与这项运

动，2015年开始举办的中国大学生帆船锦标赛至今已是蓬勃发展。2021年中华人民共和国第十四届学生运动会在青岛市举办，帆船帆板首次列入比赛项目。

目前，帆船运动进校园活动已在我国多个城市开展，深受学生们的喜爱。青岛、南京、深圳、海口和三亚等城市的一些中小学已设置帆船课程，我国的许多高校也把帆船课程设置为必修课和专长课。每年寒暑假，全国各个帆船俱乐部的冬令营和夏令营活动进入繁忙培训时期，帆船运动给我国青少年带来了快乐、梦想和追求。

本教材共十二章，主要介绍帆船运动基础知识、帆船的技战术及训练方法、海上求生、海上救生、帆船离岸赛和帆船竞赛规则等内容。教材内容由易至难，图文并茂，对初学者或高水平运动员均适用。

在本教材编写过程中，编者得到了业内人士的大力支持，由此表示衷心感谢！由于水平所限，疏漏之处在所难免，恳请广大读者批评指正。

编者

2023年4月

目录

帆船运动基础知识 第一章

第一节　帆船运动发展简史

一、世界帆船运动的发展

公元13世纪，西班牙人和葡萄牙人开始建造一种名叫Caravel轻帆船，起初主要用作渔船，由于性能良好，不久就广泛应用于其他方面。

1487年，巴尔托洛梅乌·迪亚斯发现非洲南端的好望角。迪亚斯是15世纪著名的航海探险家。1487年，巴尔托洛梅乌·迪亚斯被葡萄牙国王约翰二世选派去非洲探险。他成为绕好望角航行的第一位欧洲人。迪亚斯和他的船员在1487年8月出发，沿非洲西南海岸航行。但他们遇到了风暴，风暴将他们向西推入大西洋。因为看不到陆地，船员们不知道自己身在何处，害怕自己会从地球的边缘滚下去。因此一旦风暴过去，迪亚斯便调头向东驶。他们行驶了许多天，指望能到达非洲海岸，但没有成功。迪亚斯认为他们已越过了非洲的南端，于是改向北航行，终于在莫塞尔贝登陆。该地位于我们现在所知的好望角以东320千米处。1488年，巴尔托洛梅乌·迪亚斯绕过非洲南端的好望角，为后来另一位葡萄牙航海探险家瓦斯科·达·伽马开辟通往印度的新航线奠定了坚实的基础。

1492年，克里斯托弗·哥伦布发现了新大陆美洲。哥伦布于1492年率领西班牙船队横渡大西洋，发现了新大陆美洲。他相信地球是圆的，但是他想象中的地球比实际的要小。他认为从欧洲的大西洋沿岸向西航行不久就能到达亚洲。他的远航计划得到西班牙王室的资助，1492年10月，他率领船队从西班牙启程，横渡茫茫无际的大西洋。哥伦布一行历尽艰险，终于到达古巴、海地。他始终以为自己到了印度，因此称当地居民为印第安人，意思是印度居民。哥伦布的船队由三艘不大的船组成，航行的目的地主要是印度、中国等地，为此他随身带着西班牙国王致中国大汗的信。当时中国早已建立明朝，但是西欧人还以为中国的君主仍旧是马可·波罗所说的元朝大汗。航行两个多月后的一个夜晚，哥伦布突然望见远处有亮光在闪动，原来他们已经到达

巴哈马群岛中的一个小岛，几个小时后，见到陆地。他们登上这个岛屿。岛上的居民热情接待，以为他们是天外来客，船队接着到达古巴、海地。哥伦布以后三次西航，到过中、南美洲的一些沿海地带。

哥伦布的航海带来了第一次欧洲与美洲的持续的接触，并且开辟了后来延续几个世纪的欧洲探险和殖民海外领地的大时代，这些对现代西方世界的历史发展有着无可估量的影响。

1497年，瓦斯科·达·伽马到达印度。1488年巴尔托洛梅乌·迪亚斯发现好望角后，葡萄牙国王约翰二世本欲再次派遣船队东航印度，可有些人，包括哥伦布在内却向国王宣传横渡大西洋可以到达印度，从而使国王产生诸多疑虑。后来发现哥伦布到达的地方不是印度，于是葡萄牙新君主即位后又派已故原探险队长的儿子瓦斯科·达·伽马率船队沿传统海道东航，寻找通往印度的海道。1497年7月8日，瓦斯科·达·伽马率领150人，分乘4艘船从里斯本出发，在佛得角稍作停留后，便开始在大西洋上绕了一大圈，一直来到好望角的纬度线，并于11月22日绕过好望角，停靠莫桑比克岛，后又停靠马林迪岛，后在一阿拉伯引航员的引航下，于1498年5月20日抵达印度港口卡利卡特。此次航行历时两年零两个月，航行全程达4440万米，开辟了绕过非洲通往印度的新航路，为葡萄牙在东亚的开拓拉开了帷幕。瓦斯科·达·伽马是第一位从欧洲航海到印度的人，他开辟的航路，促进了欧洲与亚洲商业关系的发展。

1519年，斐尔南·德·麦哲伦环球航行。斐尔南·德·麦哲伦是人类第一次环球旅行探险的带队船长，他中途去世。1480年，他出生于葡萄牙。在奉西班牙国王之命，率领探险队寻找到通往东印度群岛的香料群岛这一西行路线。他猜测，大海以东就是美洲，并坚信地球是圆的。1519年9月20日，麦哲伦率领由旗舰"维多利亚"号、"特立尼达"号、"圣安东尼"号、"康赛普西翁"号及"圣地亚哥"号5艘帆船组成的船队从西班牙西南加的斯附近的圣卢卡湾出发，随行船员达250人。在艰苦地穿越了南大西洋后，1520年麦哲伦船队进入了一条狭窄的通道。这条通道位于美洲南部，延伸在洋面的群岛之间，经常处于狂风恶浪袭击之下，船队花了37天驶过这条险象环生的航道。这就是后来的"麦哲伦海峡"。在西行横渡大西洋至巴西的一路上，船队中有一艘船在阿根廷巴塔哥尼亚海岸外，遇风暴失事。接着麦哲伦手下的几名船长密谋反对他，有一艘船调头返航，麦哲伦将谋反者中的一名处死，将两名弃留在荒凉的海滩上后，又扬帆启航。当船队抵达马里亚纳群岛时，当地居民向他们发起了攻击。在一次与菲律宾麦克坦岛上部落的交战中，麦哲伦阵亡。最后一艘在塞巴斯蒂安·德尔·卡诺船长率领下的"维多利亚号"于1522年9月回到了西班牙。

第一次环球航行终于宣告结束，但失去了它的率领者。新航路开辟的成功和西方殖民时代的开始，改变了世界形势和历史发展的进程。欧洲人开始对美洲、亚洲和非洲进行政治的控制和渗透，伴随政治霸权而来的是经济的剥削和掠夺，由于西方宗教和文化的渗透，殖民地区文化和生活方式也逐渐改变。同时各大洲之间的孤立被打破，世界日益成为一个相互影响、联系紧密的整体。

帆船的诞生可以追溯到数千年前。最初帆船被应用于商业和军事目的，随着时间的推移，帆船运动成了一种广受欢迎的体育休闲活动。现代帆船运动始起源于荷兰，1660年荷兰的阿姆斯特丹市长将一条名为"玛丽"的帆船送给英国国王查理二世，1662年查理二世举办了英国与荷兰之间的帆船比赛。1720年爱尔兰成立皇家科克帆船俱乐部，1851年英国举行环怀特岛国际帆船赛，1870年美国和英国首次举行横渡大西洋的美洲杯帆船赛。1896年帆船被列为首届奥运会比赛项目，因天气不好未举行，1900年再次被列为奥运会比赛项目。

二、帆船运动在我国的发展

中国是世界上造船航海历史最悠久的国家之一，帆船在中国的历史可以追溯到战国时期，而成为一项运动则始于20世纪50年代。唐代对外贸易的商船直达波斯湾和红海之滨，所经航路被誉为"海上丝绸之路"。那时，使用的海船具有9个水密隔舱，抗沉性好，并设有帆和舵，可利用逆风行驶。12世纪初，中国首先将指南针用于航海导航。15世纪初期，中国明代郑和率领庞大船队7次下西洋，到达亚洲和非洲30多个国家，所使用都为风力驱动的帆船。郑和七下西洋的壮举，是陆上丝绸之路向海上丝绸之路的重大转折点，也创造了航海史上的奇迹。但随着中国晚期封建主义逐渐保守与僵化，使得中国航海事业由盛转衰。

我国在20世纪50年代曾开展航海多项运动，其中就有帆板运动。1979年我国才开展奥运会项目的帆船运动，当时只有六个省级代表队的二十几个运动员参加。1979年由国家体育总局青岛航海运动学校试制成功第一条帆板，1980年我国第一次举行了全国帆船锦标赛，1981年在青岛举行了我国首次帆板竞赛，1983年第一次把帆船项目列入第五届全国运动会的正式比赛。1982年我国帆板运动员首次在第9届亚洲运动会上亮相，当时排名第四。1981年5月11日中国帆船帆板运动协会成立，1983年11月24日，正式加入国际帆船联合会。

近十几年来，我国帆船运动发展迅猛，美洲杯帆船赛、沃尔沃环球帆船赛、克利伯环球帆船赛等国际顶级帆船赛事已有中国的船队参与其中。"中国之队""东风号""三亚号"和"青岛号"在这些赛事中获得了优异的成绩。国内大帆船赛事也办得如火如荼，中国杯帆船赛自2007年开始至今已成功举办了13届，环海南岛国际大帆船赛也成功

举办了11届，厦门俱乐部杯、青岛市长杯、柳州杯……它们吸引了诸多国际强队和国际友人的热心参与，同时也涌现出一批航海勇士和成千上万的帆船运动爱好者。

三、我国现代航海运动的壮举

（一）帆船帆板项目在奥运会赛场上取得的优异成绩

张小冬，1992年西班牙巴塞罗那奥运会获女子帆板亚军；

李丽珊（中国香港），1996年在美国亚特兰大奥运会获女子帆板冠军；

殷剑，2008年北京奥运会获女子帆板冠军，2004年希腊雅典奥运会亚军；

徐莉佳，2012年伦敦奥运会获女子帆船冠军，2008年北京奥运会帆船季军；

卢云秀，2021年东京奥运会获女子帆板冠军；

毕焜，2021年东京奥运会获男子帆板季军；

周元国，2000年澳大利亚悉尼奥运会获男子帆板第五名。

（二）帆船爱好者环球航海的壮举

郭川，2012年11月18日驾驶"青岛号"帆船从青岛出发，开始了他的40英尺级无助力单人不间断环球航行的挑战。2013年4月5日7时59分，成功返回青岛，经历了海上近138天、超过21600海里的艰苦航行，成为第一个成就单人不间断环球航行伟业的中国人，同时将创造了国际帆船联合会认可的40英尺级帆船单人不间断环球航行世界纪录。2015年，郭川率领国际船队驾超级三体帆船成功创造了北冰洋（东北航线）不间断航行的世界纪录。2016年10月19日郭川独自驾驶"中国·青岛"号帆船从美国旧金山金门大桥出发，以上海金山为目的地，进行单人不间断跨太平洋创纪录航行。10月25日，在行驶至美国夏威夷附近海域时发生失联。

郭川创造国际帆联认可的40英尺级帆船单人不间断环球航行世界纪录。他是第一位完成沃尔沃环球帆船赛的亚洲人，第一位参加克利伯环球帆船赛的中国人，第一位单人帆船跨越英吉利海峡的中国人，第一位参加6.5米极限帆船赛事的中国人，第一位参加跨大西洋Mini Transat极限帆船赛事的中国人，参加环法帆船赛并首次夺冠的中国人之一。获2013年CCTV体坛风云人物年度特别贡献奖。2015年12月21日，摩纳哥元首、摩纳哥游艇俱乐部主席阿尔贝二世亲王为其颁发2015年度突破奖，以表彰其率队完成北冰洋（东北航道）创纪录航行的壮举。2016年1月14日在伦敦船展上，帆船界权威杂志《帆船与航行》（Yachts & Yachting）举行年度颁奖典礼，郭川以北冰洋创纪录航行荣获2015年度成就奖。2016年12月15日，郭川荣获2016中国十佳劳伦斯冠军奖"最佳体育精神奖"。郭川的一生伟绩足以让国人引以为荣，他为中国帆船运动的发展作出不可磨灭的贡献。

翟墨，2007年1月至2009年8月，他用两年半的时间，完成了自驾帆船环球航海一周的壮举，成为单人无动力帆船环球航海中国第一人。2009年成为"感动中国"十大人物之一。2021年6月30日驾驶"全球通号"帆船从上海启航，历时500多天，总航程28000余海里，于2022年11月15日顺利返回启航地上海，圆满完成"2021人类首次不停靠环航北冰洋"活动。他驾驶"全球通号"帆船经中国东海、日本海、西太平洋，穿越白令海峡、楚科奇海、东西伯利亚海、拉普捷夫海、喀拉海、巴伦支海、挪威海、格陵兰海、丹麦海峡、北大西洋、戴维斯海峡、巴芬湾等海域，成功完成环北冰洋的航行。北极东北航道和西北航道被称为"传说中的航道"，翟墨船长带领船员经受了狂风暴雨和大雾冰山的重重考验，历尽艰难险阻，完成了这次创造历史的航海挑战，开创了世界航海史上的新里程碑，是人类的又一次自我超越。

徐京坤，独臂船长，曾代表中国队参加了2008年北京残奥会。2012年，独自一人驾驶"梦想号"帆船环行中国海。2015年，参加了世界上难度系数最高的单人航海极限挑战赛之一的Mini Transat 650级别单人横渡大西洋帆船赛，创造了世界上第一个单人独臂跨越大西洋的世界纪录。2017年，驾驶"青岛梦想号"双体帆船进行历时三年，全程3.4万海里的环球航行。2022年11月6日，驾驶"海口号"参加朗姆路单人跨大西洋帆船赛。

魏军，2011年11月3日，带领7位航海健将驾驶"厦门号"帆船，历时316天跨越三大洋，航程26000多海里，环绕地球一圈。

滕江和，2012年作为"三亚号"的主帆绞盘手角逐沃尔沃环球帆船赛，随"三亚号"完成长达九个月的航行，全程达3.9万海里。

陈锦浩、杨济儒、郑英杰、孔晨诚、刘学、刘明等六名中国船员随"东风号"出征2014—2015沃尔沃环球帆船赛。2017—2018沃尔沃环球帆船赛中，陈锦浩、杨济儒和刘学再次随"东风号"出征，并站上了冠军领奖台。

宋坤，中国女子帆船环球航海第一人，青岛"帆船之都形象大使"，随"青岛号"参加2013—2014克利伯环球帆船赛的全程比赛，历经近11个月的时间，航程4万多海里，绕地球一周。

第二节　帆船的分类

帆船可分三大类：稳向板帆船、多体帆船和龙骨帆船。

一、稳向板帆船

稳向板帆船的船体中部有槽，可以安放稳向板。稳向板根据需要可以上下调整，船体较小，一般船身长在6米以内。由于船体轻、设备简单、易于制造，驾驶起来也比较灵活，可以在浅水中航行。奥运会帆船项目多数是稳向板帆船，如芬兰人级、470级、49人级、激光级和激光雷迪尔级等都是稳向板帆船，如图1.1所示。帆板是帆船项目中的一个小项，如图1.2所示。

OP级帆船也是稳向板帆船，适合青少年驾驶，全球普及率较高，是世界帆船锦标赛和亚洲运动会项目，如图1.3所示。

图1.1　激光雷迪尔级帆船　　　　　　图1.2　帆板　　　　　　　　图1.3　OP级帆船

二、多体帆船

多体帆船是由两个或两个以上的船体组成的帆船。2017年第35届美洲杯帆船赛用的是双体船，如图1.4所示。三体帆船由三个船体组成，如图1.5所示。

图1.4　双体帆船　　　　　　　　　　图1.5　三体帆船

三、龙骨帆船

龙骨帆船的船体中下部有一块沉重的龙骨，龙骨一般由铁制成，它的作用是稳定船体，防止船的倾覆，减少船体的横移。由于这一类帆船的船体较大较长，因此稳定性好，并只能在深水中行驶。龙骨帆船分竞赛型龙骨帆船和休闲型龙骨帆船，沃尔沃环球帆船赛和克利伯环球帆船赛用的都是竞赛型龙骨帆船，如图1.6所示。休闲型龙骨帆船的前帆和主帆都可用卷帆器卷起，平时用以休闲娱乐活动。

图1.6　竞赛型龙骨帆船

第三节　帆船的构造

一、稳向板帆船的构造

稳向板帆船相对较小，最小的稳向板帆船是OP级帆船（英文名称Optimist），诞生于1947年，该船船体小，单人操作，易于学习，现在全世界超过100个国家的150多万青少年正在使用OP级帆船进行学习和训练，世界上将近80%的帆船爱好者的第一艘训练帆船就是OP级帆船。OP级帆船构造如图1.7所示。

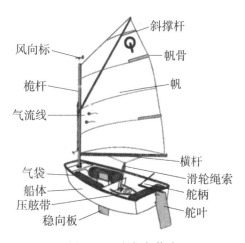

图1.7　OP级帆船构造

二、多体帆船的构造

多体帆船的构造相对比较简单，一般由两个以上的船体组成，航行时船速较快，因此受到许多帆船爱好者的喜爱。目前世界上双体帆船比较普及，作为美国时尚先锋品牌之一的Hobie帆船，已有60多年的历史。每年在世界各个海港城市会定期举行Hobie世界帆船锦标赛，一大批来自世界

图1.8　Nacra 17双体帆船

各地的帆船运动爱好者慕名而来，自由地在海天间展现风采。2020年奥运会的双体帆船是Nacra 17，如图1.8所示。

三、龙骨帆船的构造

龙骨帆船最大的特点是有一个吃水较深的龙骨，并且船体较大、较长，船上的帆也较大，因此船上配有绞盘。由于龙骨帆船能进行远洋航行，因此船上也配有高科技的航海仪器，如GPS导航仪、AIS导航仪器、雷达系统、侧推器以及发动机和发电机等。龙骨帆船的构造如图1.9所示。

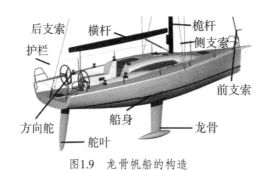

图1.9　龙骨帆船的构造

第四节　帆船术语

一、帆

帆船的帆主要分三大类：前帆、主帆和球帆，球帆也称大三角帆。

二、桅杆

桅杆是帆船上的主要装置附件之一，帆船主要靠帆的受风才能航行，而帆又必须依附于桅杆上才能扬帆远航，桅杆大都用金属、碳纤维或木制成。

三、舵

舵是用来控制帆船航行方向的帆船装置附件。帆船的舵有两种：一种是有方向盘的固定舵，具有刚性舵柄的固定式舵叶；另一种是提升式舵，具有分离式的舵柄。有方向盘的固定舵主要用于龙骨艇，而稳向板船和平底船通常用提升式舵。

四、风向

风吹来的方向。

五、流向

水流流去的方向。

六、左舷和右舷

船的两侧称为舷，按船尾向船首的视向，船的左侧称为左舷，船的右侧称为右舷，如图1.10所示。

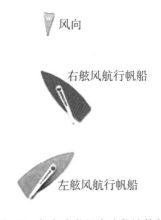

图1.10　帆船左舷和右舷　　　　图1.11　帆船左舷风和右舷风航行

七、左舷风航行帆船和右舷风航行帆船

帆船航行的方向取决于船体中央纵垂面与风向间的夹角，或取决于帆船方位的角度。当风从船的左舷吹来，主帆位于船的右舷，这时的帆船就是左舷风航行帆船。当风从船的右舷吹来，主帆位于船的左舷，这时的帆船就是右舷风航行帆船，如图1.11所示。

八、上风和下风

风先吹到的地方位于上风，后吹到的地方位于下风，风
是由上风向吹向下风向的，如图1.12所示。

风向

九、压舷

帆船航行时，为了充分利用帆面积和强风取得更大的帆
动力，一方面使帆船按预定方向行驶，同时又要保持帆船的
平稳航行，减少横倾，这时船员坐在上风舷一侧，用身体的

图1.12　上风和下风

重量和力量使上风船舷受力的过程，称为压舷。当风力增大时，为了降低船的重心，
进一步增加抗横倾力矩，尽可能使运动员身体探出船外更远的距离，甚至把全部身体
悬挂在舷外，称为悬挂压舷。悬挂压舷要有专门的器材装备，如吊索、把手、吊索背
带、坐垫、挂环、挂钩等，以保证运动员安全，并使压舷获得良好的效果，如图1.13
所示。

图1.13　悬挂压舷

图1.14　顶风

图1.15　迎风航行

十、顶风

顶风是指从帆船的船头对着风向并处在飘帆的状态，即船头的方向与风向约成零
度角，如图1.14所示，此时船不能航行。

十一、迎风航行

帆船逆风行驶的过程称为迎风航行，迎风行驶时，帆船的航行方向与风吹来的方
向大约成45°，如图1.15所示。

十二、横风航行

帆船的航行方向与风向约成90°，此时帆船的行驶状态称为横风航行，如图1.16所示。

十三、顺风航行

帆船的航行方向与风向一致，此时帆船的行驶状态称为顺风航行。顺风航行又分为侧顺风航行和正顺风航行。帆船侧顺风航行时，其航行方向与风向约成135°，如图1.17所示。正顺风航行时，其航行方向与风向约成180°，如图1.18所示。

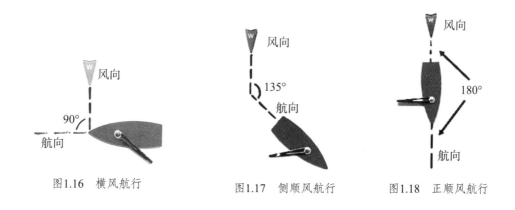

图1.16　横风航行　　　　　图1.17　侧顺风航行　　　　图1.18　正顺风航行

十四、迎风偏转

帆船在自由水域航行时，舵手收帆推舵使船头向上风偏转的过程称为迎风偏转，如图1.19所示。

十五、顺风偏转

帆船在自由水域航行时，舵手放帆拉舵使船头向下风偏转的过程称为顺风偏转，如图1.20所示。

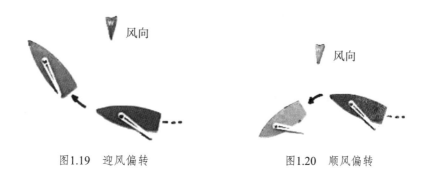

图1.19　迎风偏转　　　　　　　　图1.20　顺风偏转

十六、迎风换舷

帆船在迎风航行时进行迎风偏转，当船头越过顶风状态后再进行顺风偏转，帆从一舷受风转换到另外一舷受风，整个过程称为迎风换舷，迎风换舷也称为迎风转向，如图1.21所示。

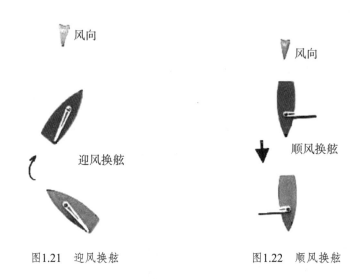

图1.21　迎风换舷　　　　　图1.22　顺风换舷

十七、顺风换舷

帆船在顺风航行时进行顺风偏转，并使帆杆顺风越过帆船的中心线，帆从一舷受风转换到另外一舷受风的过程称为顺风换舷，顺风换舷也称为顺风转向，如图1.22所示。

十八、相同舷风帆船和相对舷风帆船

都是左舷风航行的帆船或都是右舷风航行的帆船称为相同舷风帆船，如图1.23所示。一条帆船为左舷风航行，另一条帆船为右舷风航行，这两条帆船称为相对舷风帆船，如图1.24所示。

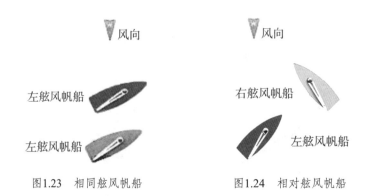

图1.23　相同舷风帆船　　　　　图1.24　相对舷风帆船

十九、比赛标志

帆船比赛水域里的设施，用来显示比赛路线的标志物，如图1.25所示。在比赛中，规定了航线和绕标的方向，所有帆船都必须按规定进行绕标完成比赛。

图1.25　比赛标志

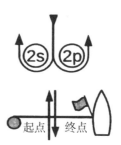

图1.26　比赛航线

二十、比赛航线

比赛航线是竞赛委员会根据帆船比赛规则，利用比赛标志对比赛场地进行布置的比赛路线，如图1.26所示。帆船比赛航线各式各样，一般有四边形航线、三角形航线和T形航线等。

二十一、视觉信号

帆船竞赛中通过眼睛能看到并能表达某种含义的信号旗称为视觉信号，如级别旗、P旗或I旗等，如图1.27所示。

图1.27　视觉信号

二十二、音响信号

用耳朵能听到的信号为音响信号，如喇叭和气笛的声音。

二十三、起航

在比赛中，帆船在规则规定的时间内冲出起航线的方式称为起航，这就好比100米跑中的起跑。起航线是帆船比赛的起跑线，如图1.28所示。比赛时裁判员采用视觉信号和音响信号按规定的顺序通知参赛船只，起航信号发出

图1.28　起航线

后，参赛船只的任何部分在通向第一浮标的航向时必须触及起航线。

二十四、抢航

抢航是指帆船在比赛规则规定的起航时间内提前冲出起航线的现象，也称抢跑。抢航的帆船必须根据比赛规则进行解脱，如未解脱，该船只将被记录为违反规则的船只，在成绩记录上用英文字母OCS表示，并给予犯规帆船相应的处罚。

二十五、方位线

帆船以正常航行角行驶并能直接绕过标志的路线称为方位线，方位线分迎风方位线和顺风方位线。帆船绕过迎风标志时的方位线称为迎风方位线，如图1.29所示。帆船绕过顺风标志时的方位线称为顺风方位线，如图1.30所示。

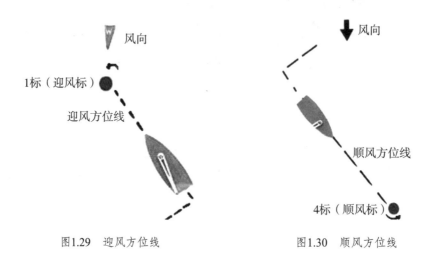

图1.29　迎风方位线　　　　　　　图1.30　顺风方位线

二十六、等位线

等位线是与风向垂直的一系列平行线，如图1.31所示。在某一时刻，处于同一等位线上的两条迎风航行的帆船，它们所达到上风迎风标的距离是相等的。离迎风标较近的称为高等位线，离迎风标较远的称为低等位线。

图1.31　等位线

思考题：

1. 简述世界帆船运动的发展历史。

2. 简述中国帆船运动的发展历史。

3. 如何对帆船进行分类？

4. 帆船的主要术语有哪些？

装船是出海前必须做的一项重要工作，也是每位船员必须掌握的一项基本技能。

第一节　水手结

水手结，顾名思义，就是水手们航海时在船上使用缆绳进行打结的方法。水手结的特点是易打、易解、不易开，水手结是古代水手们智慧的结晶，几千年的航海历史就由水手结来守护，可以说，没有水手结，就没有人类辉煌的航海历史。后来，水手结以它号称"绳子断了，绳结都不会开"的结实稳固，备受广大海上运动和户外运动者的青睐。

帆船在航行中，经常使用水手结，为了航行安全，你必须熟练掌握几种基本常用的水手结，并且要学会快速正确打结，同时达到几乎不用思考的境界。帆船无论是在白天还是在黑夜，无论是在快速行驶还是在缓慢航行，都能打出基本绳结来。

初上帆船的人常常会被帆船上众多的绳子和各种结法弄得晕头转向，但自古以来熟练地使用各种绳结就是重要的航海技能之一，它可以挽救船员的生命，因事关生命，所以马虎不得。

一、羊角结

羊角结是帆船停靠码头时，把帆船的缆绳固定在码头"羊角"上的绳结，如图2.1所示。羊角结的打法，如图2.2所示。

图2.1　羊角结

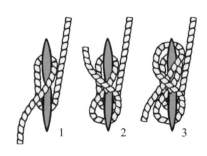

图2.2　羊角结打法

　　绑缆绳时要注意帆船与泊位边沿之间的距离，过紧和过松都不合适，放下防碰球后，根据泊位的情况对缆绳的长度进行调整，保持帆船的安全停靠。在台风来临前，要增加绑缆绳数量，加强帆船的牢固性，以防止因台风而造成不必要的损失。

二、"8"字结

　　"8"字结形如其名，结打好后会呈现阿拉伯数字"8"的形状。此外，"8"字结也象征诚实的爱与不变的友情，所以也有人把"8"字结称为爱之结。

　　"8"字结主要是作固定防滑之用，常常绑在绳子的末端，防止绳子从滑轮或夹绳器中脱开而对船失去控制，尤其对航海而言，"8"字结的存在更是举足轻重。"8"字结的打法十分简单、易记，它的特征在于即使绳子两头拉得很紧，依然可以轻松解开。

　　"8"字结的打法，如图2.3所示。

三、平结

　　平结是以一线为轴，将另一线的两端绕轴穿梭而成，如图2.4所示。平结是一个最古老、最通俗和最实用的绳结。平结起源于早期的帆船上，在航海中当风势较大时，水手便把帆收起一部分用绳捆绑，以减少帆的面积，这种卷绕在桅杆上捆绑帆的平结非常实用。

　　平结的打法，如图2.5所示。

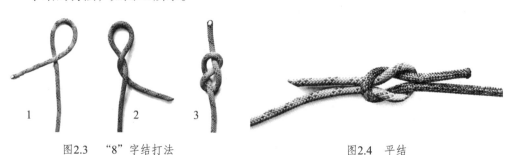

图2.3　"8"字结打法　　　　　　　　　　　图2.4　平结

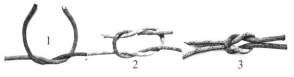

图2.5　平结打法

四、丁香结

丁香结俗称猪蹄扣，也有人把它称为卷结和酒瓶结。丁香结不但简单而且实用，尤其在绳索两端使力均等时，丁香结可以发挥很大的效果。

丁香结的历史相当悠久，不仅在海上，在露营、登山时也都是户外人士所爱用的绳结。丁香结的目的是将绳索卷绕在其他物品上，金属等易滑物品也相当适用。丁香结的打法和拆解都很容易，它的特征是具备极高的安全性，而且丁香结的打法可以因应对不同情况分开使用，就这点而言，它是个非常实用的绳结。

丁香结的打法，如图2.6所示。

如果只在绳索的一端使力的话，丁香结可能会脱掉或松开，为了避免这个缺点，在绳子另一边打一个"8"字结，形成丁香结与"8"字结的组合，如图2.7所示。

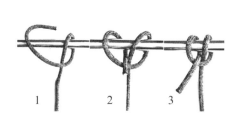

图2.6　丁香结的打法

图2.7　丁香结与"8"字结组合

五、单套结

单套结在帆船上最常用，称为"结中之王"，如图2.8所示。由于单套结受力较大，并且容易松解，因此常常用于主帆、前帆和球帆的帆上角，以及主帆、前帆和球帆的帆后角处，如图2.9所示。

单套结也常用于拖船、高空作业的临时安全带和其他户外运动等。打结时注意绳头不宜留出过短，以防止滑脱，结要收紧，不可松懈，以防绳子的受力发生变化使结散掉。

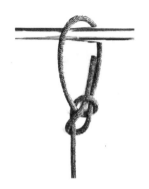

图2.8　单套结

图2.9　单套结绑于主帆帆上角

单套结的打法，如图2.10所示。

图2.10　单套结打法

六、单花结

单花结主要用来连接绳与绳，绳与眼环等。单花结的打法，如图2.11所示。

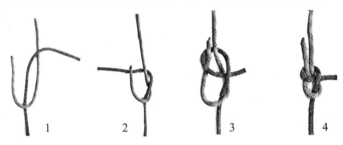

图2.11　单花结打法

七、双花结

双花结比单花结多绕一圈，比较牢固，不容易滑落。双花结的打法，如图2.12所示。

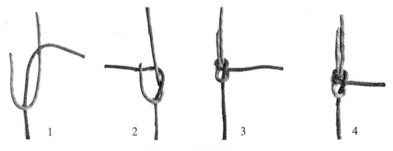

图2.12　双花结打法

八、渔人结

用于将绳与横杆、绳与环连接等，如锚缆绳绑在锚环上，或绑在锚标上。渔人结的打法，如图2.13所示。

九、打捆绳

帆船上的绳子比较多，初次登船的人会觉得眼花缭乱。为了环境整洁以及方便使用绳子，暂时不用的绳子要整齐地绑好，打成捆绳，如图2.14所示。

打捆绳的方法：

（1）一手握住绳子，另一手拉出一定长度的绳子，按顺时针方向打绳圈；

（2）每一圈都拉出相同的绳长，使每一圈的大小相同，绳子自然垂挂；

（3）留出足够长的绳子，在绳体的上端打捆三圈，打捆时绳子由上往下依次压住绳体；

（4）拉出一根绳圈，穿过上端的一捆绳圈中；

（5）将这根绳圈反套在上端的整捆绳子上，拉紧绳子，捆绳就打好了，如图2.15所示。

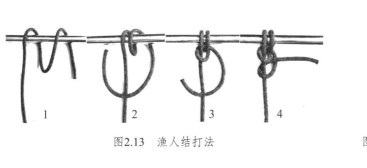

图2.13　渔人结打法

图2.14　打成捆绳

图2.15　捆绳打法

十、单套结与"8"字结的组合

单套结与"8"字结的组合打法，如图2.16所示。

十一、丁香结与平结的组合

丁香结与平结的组合打法，如图2.17所示。

图2.16　单套结与"8"字结组合

图2.17　丁香结与平结组合

第二节　稳向板帆船的组装方法

一、OP级帆船的组装方法

OP级帆船（英文名称Optimist），诞生于1947年，是帆船运动项目当中唯一的少年帆船项目，运动员年龄在16周岁以下。该船船体小，单人操作，易于学习，现在全世界超过一百多个国家的青少年正在使用OP级帆船进行学习和训练。世界上超过80%帆船项目参赛选手获奖者都是通过OP级帆船训练起步的。OP级帆船在我国帆船运动发展的过程中，作出了卓越的贡献，奥运会帆船冠军徐莉佳之前就是OP级帆船运动员。随着社会的发展，参与OP级帆船运动青少年越来越多，因此本节重点介绍OP级帆船的装法。

OP级帆船的装法如下：

（1）帆平放在地上。

（2）桅杆放在帆的前帆边，帆杆放在帆的帆下边，用0.5 cm的细绳穿过帆眼，绕过桅杆和帆杆打平结，如图2.18所示。

图2.18　绑好的帆

图2.19　帆角处绑较粗绳子

（3）用较粗的细绳绑在各个帆角处，如图2.19所示。

（4）帆上角用两条粗绳子进行固定，如图2.20所示。

（5）帆后角用一根粗绳子在帆后角处打单套结后绕过横杆后角，然后穿过夹绳器，调整好帆下边的弧度，最后在绳子的末端打"8"字结，如图2.21所示，以防止绳子从夹绳器里脱开。

图2.20　帆上角绑法

图2.21　帆后角的夹绳器

（6）帆边与桅杆或帆杆的宽度不能超过1 cm。

（7）斜撑杆装在帆的右侧，即船的右舷，上头撑住帆顶，下头套在斜撑杆升降绳的单套结里，如图2.22所示。

图2.22　斜撑杆装在单套结里

图2.23　斜撑杆升降绳穿法

（8）斜撑杆升降绳穿过桅杆上的滑轮后再穿过桅杆前的夹绳器，如图2.23所示。

（9）帆前角以三根细绳固定，斜的细绳控制帆前边和帆杆的上下移动，如图2.24所示。

（10）拉紧斜拉器和帆后角。

（11）把桅杆插进桅座之后，用桅板上的绳子把桅杆牢牢地绑紧，如图2.25所示。这一步非常重要，目的是防止海上翻船时，桅杆从桅座脱落，而人在海上把船正过来的过程中，桅杆把桅板翘裂，造成了船的损坏。

图2.24　帆前角三根细绳绑法

图2.25　桅板上绳子把桅杆绑紧

（12）装主帆缭绳。在帆杆的下方绑定一个小滑轮，用主帆缭绳的一端在小滑轮的下方打单套结，如图2.26所示，另外一端穿过船体中部的小滑轮，之后向上绕过帆杆下方的小滑轮，顺序向下绕过船体中部的主滑轮，最后在主帆缭绳末端打"8"字结，如图2.27所示。

图2.26　帆杆下方小滑轮

图2.27　主帆缭绳末端

（13）划桨和水勺用绳子绑好，并和船体连在一起，如图2.28所示，防止翻船时离开船体。

图2.28 水勺和船体连在一起

图2.29 船舱里三个气袋

（14）把船舱里的三个气袋吹满气，并保证绑气袋的黑带子平均分布，让气袋受力平衡如图2.29所示。

（15）检查稳向板，OP级帆船的稳向板就好像一把菜刀，一边是厚的，另一边是薄的，当稳向板插入稳向槽时，厚的一边在前，薄的一边在后，如图2.30所示。

（16）装舵。装舵时可坐在船舱的左边装舵，也可坐在船舱的右边装舵。当坐在船舱的左边装舵时，左手抓住主舵柄，右手反手抓住舵叶，同时用右手臂夹住船的后侧船舷，保持舵的稳定，把舵针插入舵座如图2.31所示。

图2.30 稳向板在稳向槽中

图2.31 舵的位置

二、470级帆船的装法

470级帆船是一种由舵手和缭手双人操作，有稳向板的帆船。因船体长度为470 cm而得名。470级帆船有前帆、主帆和球帆，前帆和主帆面积共13.28平方米，球帆面积14平方米，船体宽168 cm，船体重115千克。470级帆船1976年开始就被列入奥运会比赛项目，加之其操控性能较好，因此在世界上开展较普遍。

470级帆船的装法如下：

（1）船首对着风向，桅杆放进桅座，拉紧前支索和侧支索，固定好桅杆。

（2）装前帆，固定好前帆前下角，如图2.32所示，用前帆缭绳绑于前帆帆后角上，前帆缭绳分穿过左右两舷的夹绳器，然后在其末端打"8"字结。

（3）装主帆，把主帆升降索的活连环扣住主帆帆上角的帆眼，如图2.33所示。主帆前帆边插入桅杆滑槽，收主帆升降索，慢慢把主帆升起直到桅杆顶部，由夹绳器卡死主帆升降索，如图2.34所示，防止主帆下滑。

图2.32　前帆前下角　　　　　图2.33　主帆帆上角　　　　　图2.34　夹绳器卡死主帆升降索

（4）装球帆，球帆也称三角帆，470级帆船的球帆为等边三角形球帆，配有球帆杆，如图2.35所示，以方便操作。

球帆的三个角分别是帆上角（英文为head，简称H角），帆前角（英文为tack，简称T角）和帆后角（英文为clew，简称C角），帆上角升降绳从桅杆顶部往下扣在帆上角上，球帆前帆索经船首前下角绑住球帆帆前角，球帆缭绳穿过左右两舷的滑轮由后往前绑在帆后角上。球帆绑好之后，由下至上全部收放进球帆袋里，如图2.36所示，并把H角、T角和C角置于球帆袋的上方。球帆杆平时放在船舱里，只有升球帆时使用，使用时一头扣在桅杆上，另一头扣在C角或T角上。

（5）装舵，夹住舵叶升降调节绳，如图2.37所示。

图2.35　球帆杆　　　　　图2.36　球帆在球帆袋里　　　　　图2.37　舵叶升降调节绳

第三节　龙骨帆船的装帆方法

一、主帆的装法

把主帆升降索的活连环扣住主帆帆上角顶部帆眼，并把主帆帆前边插入桅杆滑槽，如图2.38所示，自上而下拉动主帆升降索，使主帆沿着桅杆滑槽升起，直到桅杆的顶部。值得注意的是，在海上升主帆时，应先开动发动机使帆船处在正顶风状态缓慢前行，然后再升起主帆，这样做的目的是让主帆不受风，减少主帆的受力，帆容易升起。当主帆面积过大时，升起主帆就有一定的难度，在手拉不动主帆的情况下要尽快利用绞盘。

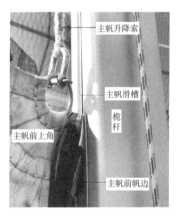

图2.38　帆前边插入桅杆滑槽　　　　　图2.39　绞盘上绳子绕法

绞盘上的绳子要由下往上顺时针方向绕三圈后夹在夹槽里，如图2.39所示。把摇把放进绞盘上方的绞盘孔里，如图2.40所示，尽快摇动摇把，把主帆升到桅顶。摇把摇动时可顺时针方向摇动，也可逆时针方向摇动，但在海上装帆时，应装好主帆，再装前帆，最后才装球帆。

图2.40　摇把放在绞盘孔里

图2.41　前帆帆后角

二、前帆的装法

固定好前帆前下角，用两根缭绳以单套结绑于前帆帆后角上，如图2.41所示，前帆缭绳分穿过左右两舷的夹绳器，然后在缭绳末端打"8"字结，以防止前帆缭绳从夹绳器中跑出，造成操作的失误。

三、球帆的装法

球帆的三个角分别是帆上角、帆前角和帆后角，各个帆角上都标有英文。帆上角的英文为HEAD，简称H角。帆前角的英文为TACK，简称T角。帆后角的英文为CLEW，简称C角，如图2.42所示。绑H角的升降绳称为H绳，它从桅杆顶部往下扣在H角上。绑T角的缭绳称为T绳，主要控制前帆角的高度。绑C角的球帆缭绳称为C绳，它由一条足够长的绳子，从船体的中部由里向外穿过左右两舷的球帆滑轮之后，再穿过船舷后沿的球帆滑轮。左侧的球帆缭绳向前拉并往外绕过左侧支索，最后绑在帆后角上，如图2.43所示。

图2.42　球帆的三个角

图2.43　左侧球帆缭绳

右侧的球帆缭绳继续向前拉并往外绕过右侧支索和前支索，再拉到左侧支索和前支索之间，最后绑在帆后角上，如图2.44所示。球帆绑好之后，把帆有序地收放进球帆袋里，并把H角、T角和C角置于球帆袋的上方，如图2.45所示。

图2.44 右侧球帆缭绳

图2.45 球帆收放在球帆袋里

值得注意的是，当帆船在顺风换舷的过程中，球帆的转换有两种方式：内绕和外绕，因此球帆的转换方式不同，T绳和C绳的绑法各有不同。一般来说，小的球帆用内绕方式，而大的球帆用外绕的方式。内绕时T绳和C绳的绑法是，绑前帆角（T角）的T绳必须压在C绳之上，即T绳在C绳之外，如图2.46所示。外绕时T绳和C绳的绑法是，绑前帆角（T角）的C绳必须压在T绳之上，即C绳在T绳之外，两种绑法的目的都是为了方便顺风换舷时帆的转换，如图2.47所示。

图2.46 T绳压在C绳之上

图2.47 C绳压在T绳之上

思考题：

1. 如何正确掌握常用水手结的打法？

2. 如何组装一条OP级帆船？

3. 如何组装龙骨帆船的前帆、主帆和球形帆？

帆船操作技术及训练方法

帆船的动力来自风，因此看风使舵是帆船操作技术的核心。人们常说天有不测风云，但风的变化存在一定的规律，只有掌握风的变化规律，才能把帆船的操作技术发挥到极致。

第一节　航向与风向的关系

一、帆船航行角

要驾驶帆船，必须知道风从哪儿吹来，也就是知道风向。风是看不见的，只能通过观察物体来判断风的方向，比如飘扬的旗子、云朵的流动方向、飞沙等，或通过听觉和触觉来判断风的方向。帆船航行的方向称为航向，航向与风向的夹角称为航行角，如图3.1所示。

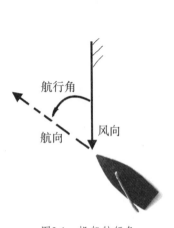

图3.1　帆船航行角

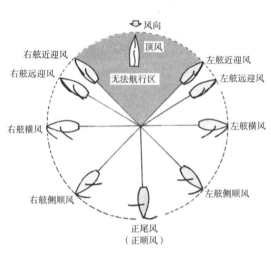

图3.2　帆船航行状态

二、帆船航行状态

帆船航行的状态不同，航行角也不同。帆船航行的状态分为迎风航行、横风航行和顺风航行三大类。迎风航行状态分近迎风和远迎风，顺风航行状态分侧顺风和正顺风，如图3.2所示。

当帆船的航向与风向的夹角成0度角时，帆船的航行状态称为顶风。当帆船的航向与风向的夹角成小于45°角时，二者之间的区域称为无法航行区。当帆船的航向与风向的夹角成45°角时，帆船的航行状态称为近迎风。当帆船的航向与风向的夹角成60°时，帆船的航行状态称为远迎风。当帆船的航向与风向的角度成90°角时，帆船的航行状态称为横风。当帆船的航向与风向的角度成135°角时，帆船的航行状态称为侧顺风。当帆船的航向与风向的角度成180°角时，帆船的航行状态称为正顺风或正尾风。

第二节 帆船航行基本理论

一、风向的概念

（一）真风向

真风向是帆船静止时所测得的风向，即为实际风向。

（二）航行风向

航行风向是帆船航行时所产生风的方向，其方向与航行方向相反。

（三）视风向

帆船航行时，由风向标测得的风向，它是真风和航行风的合成风，如图3.3所示。

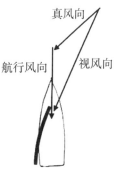

图3.3　风向

二、风向与角度的关系

（一）航行角

指风向与帆船航行方向之间的夹角。帆船前进的动力主要依靠风力，而风力对帆作用的大小至关重要。运动员必须正确掌握航行角，才能充分地利用风力来驾驶帆

船。各种不同的航行角的度数是：顶风航行角为0°；近迎风航行角45°；远迎风航行角60°；横风航行角90°；顺风航行角在135°~180°之间。

（二）帆位角

帆位角是帆舷线与船首尾线之间的夹角。

（三）迎角

迎角是帆舷线与风向线（风向）之间的夹角，如图3.4所示。

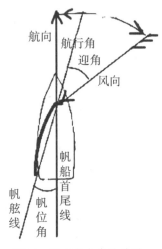

图3.4　风向与角度的关系

三、帆船航行的基本原理

帆船的动力来源是"伯努利效应"，也就是说当空气流经类似机翼的弧面时，会产生向前向上的吸引力，因此，帆船才有可能朝某角度的逆风方向前进。而顺风航行时，伯努利效应消失，船只反而不能达到最高速。

帆船的航向也不是完全没有限制，在正逆风左右各约45°角内，是无法产生有效益的前进力的，但是太顺风也不是很好，此时伯努利效应消失，船速再度慢下来，同时也进入不稳定状态。而有逆风航行能力的船，若要往逆风方向前进，必须采取"Z"字形的路线才能到达目的地。

第三节　帆船的出航与归航

由于帆船的构造不同，稳向板帆船、双体帆船与龙骨帆船的出航与归航的操作差别较大。

一、稳向板帆船和双体帆船的迎风出航

当风向从海面吹向陆地时，稳向板帆船和双体帆船的出航有一定的难度，特别是当风速达到16节以上时，出航的风险更大。由于风浪较大，加上迎风航行，而岸边浅水区域稳向板又不能过早降下，因此帆船横移过快而被冲打上岸，有时会造成帆船的损坏和人员受伤。最好的方法是，观察海水的深度，迅速放下稳向板，正舵，收紧前帆和主帆起速，当大浪对着船头打过来时，稍微推舵顶浪，使船减少横移，驶离岸边。在越浪过程中，不能推舵过大而造成船头顶风飘帆，使船减速。有些双体帆船在设计上没有稳向板，因此船体横移更快，所以技术动作要求更高。

二、稳向板帆船和双体帆船的顺风归航

顺风归航相对比较容易操作一些，但当风浪较大时，稳向板帆船和双体帆船的顺风归航是比较危险的。由于风浪较大，帆船在顺风航行状态，稳向板提高，因此帆船左右晃而容易造成岸上翻船。岸上翻船会造成帆船的桅杆、帆杆和舵的折断以及船员的受伤，是非常危险的。岸边常常有回浪，如果帆船没有一定的速度冲上沙滩，而被回浪拉向大海又被接下来的浪打到，此时帆船将失去控制，后果可想而知。正确的操作方法是，使船身与浪向一致，抓住主帆缭绳用力不停地拉帆加速借浪，尽量使船速与浪速保持一致冲上沙滩。帆船冲上沙滩瞬间推舵，使帆船顶风飘帆，减少帆的受力避免岸上翻船。

三、稳向板帆船和双体帆船的顺风出航

当风向从陆地吹向海面时，稳向板帆船和双体帆船的出航叫顺风出航。顺风出航比较容易操作一些，只要把帆放出，帆杆与船首尾线约成90°角，提高稳向板，正舵，

船就驶离岸边。横风驶离岸边的方法与顺风相似，只是帆杆与船首尾线角度不同，约成60°角，稳向板提高一半。

四、稳向板帆船和双体帆船的迎风归航

稳向板帆船和双体帆船迎风归航时，主要是稳向板的操作问题，由于岸边有沙滩和礁石，如不及时提高稳向板，就会发生搁浅，造成船只的损坏。如果过早提高稳向板，船就出现横移状态而无法正常抵达岸边，所以合理调整稳向板的高度至关重要。具体的操作方法是，根据岸边海水的深度，慢慢调整稳向板的高度。

五、龙骨帆船的升帆

龙骨帆船都停泊在码头的固定泊位，为了安全出航，龙骨帆船由发动机开到大海宽阔的地方才把帆升起。

龙骨帆船的升帆方法如下：

1. 操纵发动机。

开启发动机并保持发动机低速运转，调整发动机的怠速，要根据风力的大小进行调整，风力越大怠速越大，风力越小怠速越小，也就是说用发动机来控制船速。

2. 升主帆的方法。

船头对着风向进行顶风缓行，升起主帆。在升主帆的过程中，开机使舵并始终保持帆船在顶风飘帆状态，减少主帆的受力，如图3.5所示。前甲板一至两名船员站在桅杆旁负责拉主帆升降索，绞盘手把主帆升降索绕在绞盘上三圈，慢慢升起主帆。随着主帆的升高，升降索受力增大，此时用绞盘绞紧主帆升降索，把主帆升到桅杆顶部，直到主帆不皱为止，如图3.6所示。

图3.5　顶风升主帆

图3.6　主帆升到桅杆顶部

3. 升前帆的方法。

由于龙骨帆船前帆面积较小，因此升起比较容易。由于帆船设计不一，有的前帆由卷帆器卷起，升起时只要用力拉开卷帆绳，前帆就可打开。有的前帆边上装有快捷扣，有的把前帆边插进前帆滑槽，升帆时，绑好前帆升降索，由前甲板船员和绞盘手配合把前帆升起。帆前边的松紧度要根据风力的大小进行调节，过紧或过松都会影响船的速度。

4. 升球帆的方法。

当帆船在顺风航段上航行时，通常会升起球帆，使帆船的速度更快。球帆通常从帆船前甲板的左侧升起，H绳、T绳和C绳连接好各个角。球帆不用时，把球帆放进球帆袋或者帆船的前仓里，如图3.7所示。

左舷绕迎风标时升球帆的方法：

（1）当船左舷绕过迎风标时，尽快松斜拉器，放主帆和前帆，使帆船进行顺风偏转，直到船的航向与风向大约成170°时，尽快收H绳，T绳和左舷的C绳。

（2）H绳把球帆的帆上角（H角）拉到桅杆的顶部，T绳把球帆的前下角（T角）拉到船头，T绳留在船头的长度一般为60~80 cm，左舷的C绳把球帆的帆后角（C角）拉到帆船左舷的后侧，等球帆受风后慢慢放C绳大约6 m的长度，保持球帆正常的受风状态。

（3）舵手慢慢推舵，使帆船进行迎风偏转，让球帆尽快受风。

（4）舵手慢慢拉舵，使帆船慢慢进行顺风偏转，调整帆船顺风航行的最佳角度，如图3.8所示。

由于升起球帆的过程中，收H绳需要较大的力量，因此常常需要2至3名水手去完成这项工作。当球帆升起受风后，迅速降下前帆，使之不干扰球帆的受力。

图3.7 球帆在球帆袋里

图3.8 球帆受风航行

5. 降球帆的方法。

当帆船在顺风航段准备绕顺风标进入迎风航段前，要升起前帆，降下球帆，而降

下球帆的操作顺序与升起球帆的操作顺序是完全相反的。

降球帆的方法：

（1）升起前帆，做好绕顺风标的准备。

（2）进行顺风偏转，使船的航向与风向大约成170°，大大地减少了球帆的受力。

（3）H绳、C绳和T绳的控帆手尽快解开夹绳器，控制好降帆的时机，尽量把球帆降在甲板上，如图3.9所示。

（4）前甲板的水手迅速把帆往下拉，并把球帆放入帆船的前仓里，同时防止球帆掉进水里，造成球帆破损。

（5）收主帆和前帆，并拉紧斜拉器，绕顺风标然后使帆船进入迎风航行状态。

六、龙骨帆船的归航

龙骨帆船在进入港口或码头之前必须把所有的帆降下，以保持港内航行的安全。龙骨帆船归航时降帆的过程与出航时装帆的过程刚好相反，顺序如下。

1. 操纵发动机

开启发动机并保持发动机低速运转，调整发动机的怠速，要根据风力的大小进行调整，风力越大怠速越大，风力越小怠速越小，也就是说用发动机来控制船速。

2. 降前帆

如果风力较大，降前帆时最好开机顶风缓速航行，以减少前帆的受力，降下的前帆也方便折叠。

3. 降主帆

开机使舵并始终保持帆船在顶风飘帆状态，减少主帆的受力，慢慢降下主帆并整齐地折叠在帆杆上，用带有快捷扣的绳子扣好，或用细的绳子绑好，如图3.10所示。

图3.9 球帆降落在甲板上

图3.10 主帆绑法

4. 进港停靠

帆船的帆降下绑好之后，发动机是帆船的唯一动力，船长驾驶帆船进港，港内所有船只限速5节，船长要遵守此规定，文明驾驶船只。如果帆船上没有测速仪器，那就慢慢航行，尽量不要在港内的水面上引起大的浪花，以影响其他的船只。

第四节　帆船迎风航行操作技术及训练方法

帆船的迎风航行也称逆风航行，即帆船与风向相反的方向前进。迎风航行时，风向角约45°，船身倾斜力最大，向前力最小，速度较慢。为了保持帆船迎风航行的状态，舵手必须掌握帆船迎风航行的基本操作技术。

一、主帆操作技术

帆船的前进动力来源于风，风吹在帆面上产生了提升力，这就是帆船前进的动力。正常迎风航行时，风向角为45°，而帆位角的大小决定了风向角的大小。当帆位角增大时，风向角随之增大，反之当帆位角减小时，风向角减小。当风向角小于45°时，帆船进入无法航行区，此时帆面受力减小，提升力也随之减小，因此帆船无法前进。

图3.11　帆船45°风向角航行

为了保持帆船以45°的风向角航行，主帆基本操作是收紧主帆缭绳，使帆杆向船的中心线移动，减小帆位角的角度，如图3.11所示。

由于风力的变化，帆位角的大小是随着风力的大小来调整，这样做帆船才能以最佳的迎风角度和速度航行。为了保持最佳的迎风角度和速度航行，主帆帆面弧度的调整至关重要。

为了使帆船有很好的航行速度，在不同风力的情况下，运动员坐的位置也很重要。其目的是使帆船受力平衡，比如帆船在迎风航行状态下，当风力增大时，帆船会受力向下风倾斜，这时运动员应该在上风用力压舷，帆船才能加速。正常情况下，风大时运动员往外往后坐，甚至要压舷，使身体重心外移。风小时运动员往前往里坐，甚至是蹲着或是跪着的姿势，使身体重心向船内移动。这些动作都是为了保持帆船的受力平衡，让帆船的速度更快。

二、前帆操作技术

帆船在迎风航行时，前帆的受风使船获得了向前的推进力，并保持正常的迎风角度航行。我们可以做一个实验：驾驶一艘有前帆的帆船进行迎风航行，当前帆和主帆处在正常位置时，帆船以正常的迎风风向角航行，当我们降下前帆而保持主帆的正常受力时，船会发生横移，风向角增大，航行角也增大。实验证明了前帆在迎风航行时的作用是能保持正常的迎风速度和角度，并能以近迎风的角度航行，使帆船在迎风航行中获得更短的航行距离。

图3.12　迎风航行时前帆状态

迎风航行时前帆的基本操作是收紧前帆，收紧下风的前帆缭绳，并用夹绳器把下风的前帆缭绳夹紧，使前帆后帆角向内移，如图3.12所示。

三、稳向板操作技术

帆船在迎风航行时稳向板的基本操作是将稳向板降到最底部。稳向板，顾名思义，它的作用就是稳定方向，帆船在迎风航行时航行角度的大小由稳向板的稳定作用来完成。值得注意的是，OP级帆船的稳向板常常被初学者放错方向。根据流体力学的原理，OP级帆船稳向板的设计是前沿厚后沿薄，插入稳向槽时厚的一面在前，而薄的一面在后。

四、斜拉器操作技术

斜拉器位于帆杆的前下方，两头固定在帆杆和桅杆之间，由滑轮组和绳索组成，龙骨帆船的斜拉器还增加一根能伸缩的金属装置，以增加斜拉器支撑力，如图3.13所示。帆船在迎风航行时斜拉器要收紧，斜拉器的松紧度可根据风力的大小进行调节。

图3.13　龙骨帆船斜拉器

五、气流线的调整

气流线是粘贴于帆面上的毛线，气流线也称为风向线。为了让操帆者能尽早地发现风的变化，以及船只航行角的改变，帆的设计者在帆的不同位置粘贴了毛线。帆船在迎风航行时，舵手对气流线的观察非常重要，舵手要根据气流线的变化进行舵的调整，以保证帆船以最佳的迎风角度进行航行。主帆和前帆的气流线在帆不同的位置，主帆的气流线在主帆的前沿部位和后帆边上，而前帆的气流线在前帆的前沿部位。如果是一艘只有一面主帆的帆船，在迎风行驶时，舵手要根据主帆前沿的气流线的变化进行舵的调整。如果是一艘有前帆和主帆的帆船，在迎风行驶时，舵手要根据前帆前沿的气流线的变化进行舵的调整。

为了使帆船以近迎风状态航行，舵手的操作方法如下：

（1）当帆船以近迎风状态航行时，帆内侧和背面的气流线同时平行飘起（横飘），如图3.14所示，此时帆船处在正确的迎风航线上，舵手要保持正舵。

（2）当迎风航行的角度变大时，帆船的风向角也变大，船速变慢，前帆内侧的气流线（实线）横飘，而帆背面的气流线（虚线）下垂、乱飘或打转，如图3.15所示，此时的操作是推舵，使船首迎风偏转，直至前帆背面和内侧的气流线同时平行飘起。

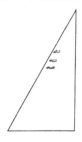

图3.14　近迎风状态前帆气流线

图3.15　风向角变大时前帆气流线

（3）当帆船的迎风角度变小时，帆船的风向角也变小，船速变慢，前帆内侧的气流线（实线）下垂、乱飘或打转，而前帆背面的气流线（虚线）正常横飘，此时的操作是拉舵，使船首顺风偏转，直至前帆内侧和背面的气流线同时平行飘起，如图3.16所示。

（4）当帆船内侧的气流线和背面的气流线同时下垂而帆受满风，如图3.17所示，船速却变得很慢，其实此时帆船的迎风角度已经变得很大，风向角也变得很大，但舵手还没注意到船的航行状态，这是初学者容易犯的错误。具体的操作方法是推舵，使船首迎风偏转，直至前帆内侧和背面的气流线同时平行飘起，回到正常的迎风角度。

图3.16　风向角变小时前帆气流线

图3.17　风向角较大时前帆气流线

根据帆船航行时气流线的状况，舵手正确的做法是"外推内拉"。就是当帆外侧（背面）的气流线不是横飘，而是下垂、乱飘或打转时，此时的正确操作是推舵。当帆内侧（正面）的气流线不是横飘，而是下垂、乱飘或打转时，此时的正确操作的拉舵。

六、帆船迎风航行操作训练方法

帆船迎风航行基本操作训练方法由陆上训练方法和海上训练方法两大部分组成，下面一一介绍。

（一）陆上训练方法

1. 主帆操作训练方法。

把一条小型帆船（如470级帆船）放置于陆地上较宽阔的地方，船头方向与风向成45°。舵手坐于帆船的上风舷，一手抓副舵柄，另一手抓主帆缭绳，收主帆缭绳，使帆杆移动至中心线附近，此时主帆受风，感受主帆受风力量，最后松开主帆缭绳。这个动作根据训练量的要求，进行重复练习。这里主要是练习收主帆的动作，以及认识收主帆时主帆所处的最佳位置。

2. 前帆操作训练方法。

基本操作与主帆基本操作训练方法相近，但这个动作由缭手完成。把一条470级帆船放置于陆地上较宽阔的地方，船头方向与风向成45°。缭手坐于帆船的上风舷，然后收前帆缭绳，使前帆的帆下边移动至中心线附近，此时前帆受风，缭手感受前帆受风力量，最后松开前帆缭绳。这个动作根据训练量的要求，进行重复练习。

3. 稳向板操作训练方法。

由于稳向板基本操作训练在陆地上进行时会受场地的影响，并且稳向板在陆上升降时，根本感受不到海水对稳向板的作用力，因此，稳向板基本操作训练只能在海上进行。

4. 斜拉器的操作训练方法。

（1）把一条小帆船（如激光级帆船）摆放在陆地上，船头与风向成45°，假设帆船以45°进行迎风行驶，此时舵手收紧斜拉器，完成迎风航行时斜拉器的操作动作。

（2）舵手松开斜拉器，使斜拉器受力减少一半，做放帆拉舵动作，同时让其他同伴帮忙慢慢转动船头方向进行顺风偏转，使船头方向与风的方向成90°，形成正横风航行的状态，这个过程完成了帆船进行顺风偏转时松斜拉器、放帆和拉舵的动作。

（3）舵手继续松开斜拉器，但不能完全松开，只是使斜拉器受力再次减少，做放帆拉舵动作，同时让其他同伴帮忙慢慢转动船头方向进行顺风偏转，使船头方向与风的方向成180°角，形成正顺风航行的状态。

（4）舵手做推舵收帆动作，再稍微收紧斜拉器，同时让其他同伴帮忙慢慢转动船头方向进行迎风偏转，使船头方向与风的方向成90°，形成正横风航行的状态。

（5）舵手继续做推舵收帆动作，再收紧斜拉器，同时让其他同伴帮忙慢慢转动船头方向进行迎风偏转，使船头方向与风的方向成45°，形成正迎风航行的状态。

以上是帆船从迎风航行状态过渡到顺风航行状态，然后又从顺风航行状态过渡到迎风航行状态的过程，整个过程需要进行斜拉器调整，以及舵和帆的调整，运动员要根据训练计划进行训练。

5. 气流线调整的训练方法。

在陆地上摆放一条激光级帆船（或其他小型帆船），船头与风向成45°，假设帆船以45°角进行迎风行驶，此时舵手观察主帆前沿内侧与背面气流线的状态是平行飘起。舵手做迎风推舵和顺风拉舵的动作（其他同伴帮助慢慢转动船头方向进行配合），触摸屏气流线的变化。由于陆地上的风比较乱，并且当风力较小时，气流线是没有反应的，因此在陆地上进行气流线调整的训练时，风力有足够大时才能进行。

（二）海上训练方法

1. 主帆操作训练方法。

帆船在海上进行迎风航行，船头方向与风向成45°。舵手坐于帆船的上风舷，一手抓副舵柄，另一手抓主帆缭绳，并收主帆缭绳，使帆杆移动至中心线附近，此时主帆受风，感受主帆受风力量，帆船速度加快，保持直线航行大约10米，接着松开主帆缭绳，进行大角度航行，再收帆至45°航行。这个动作根据训练量的要求，进行重复练习。这里主要是练习收主帆的动作，以及认识收主帆的时主帆所处的最佳位置以及船速的变化。

2. 前帆操作训练方法。

运动员驾驶有前帆的帆船在海上进行迎风航行，船头方向与风向约45°。缭手坐于帆船的上风舷，然后收前帆缭绳，使前帆的帆下边移动至中心线附近，此时前帆受风，缭手感受前帆受风力量，帆船速度加快，保持直线航行大约10米，接着松开前帆缭绳，再收帆至45°航行。这个动作根据训练量的要求，进行重复练习。

3. 稳向板操作训练方法。

运动员驾驶帆船在海上进行迎风直线航行，先提高稳向板直线航行大约10米，接着降下稳向板直线航行大约10米，感受帆船的稳向板在不同的位置其航行的角度的不同。当降下稳向板直线航行时，帆船会向下风横移，迎风角度增大。提高稳向板直线航行时，迎风角度变小。运动员根据训练量的要求，在海上进行重复练习。

4. 斜拉器的操作训练方法。

（1）运动员驾驶帆船在海上进行迎风航行，船头与风向成45°，此时舵手收紧斜拉器，完成迎风航行时斜拉器的操作动作。

（2）舵手松开斜拉器，使斜拉器受力减少一半，做放帆拉舵动作进行顺风偏转，使船头方向与风的方向成90°，形成正横风航行的状态，这个过程完成了松斜拉器、放帆和拉舵的动作。

（3）舵手继续松开斜拉器，但不能完全松开，只是使斜拉器受力再次减少，做放帆拉舵动作再进行顺风偏转，使船头方向与风的方向成180°，形成正顺风航行的状态。

（4）帆船在顺风航行，舵手做推舵收帆动作进行迎风偏转，稍微收紧斜拉器，使船头方向与风的方向成90°，形成正横风航行的状态。

（5）舵手继续做推舵收帆动作，再收紧斜拉器，进行迎风偏转，使船头方向与风的方向成45°，形成正迎风航行的状态。

帆船斜拉器调整的过程是帆船从迎风航行状态过渡到顺风航行状态，然后又从顺风航行状态过渡到迎风航行状态的过程，整个过程需要进行斜拉器调整，以及舵和帆的调整，运动员要根据训练计划进行重复训练。

5. 气流线调整的训练方法。

帆船进行近迎风航行，航向与风向成45°，舵手要注意观察主帆前沿内侧与背面气流线的变化。舵手先使帆船保持近迎风直线航行一段距离，然后缓慢做迎风推舵的动作，观察气流线的变化。接着拉舵使帆船进行顺风偏转，回到近迎风直线航行状态。航行一段距离后，进行缓慢拉舵的动作，使帆船进行顺风偏转，再观察气流线的变化，最后推舵使帆船回到近迎风航行状态。帆船进行气流线调整的训练过程是帆船进行迎风偏转和顺风偏转的过程，主要是通过推舵和拉舵的动作来观察气流线的变化。值得注意的是推舵和拉舵的动作不能过大过猛，如果推舵的动作过大过猛，就造成了迎风换舷。如果拉舵的动作过大过猛，就造成了顺风换舷。因此，在进行气流线调整的训练时，要特别注意舵的力度。

第五节　帆船顺风航行操作技术及训练方法

一、帆船顺风航行操作技术

帆船顺风航行分为侧顺风航行和正顺风航行两种航行状态，它们是根据航行角度的不同进行命名的。当风向角在100°~170°之间时，帆船的航行状态为侧顺风状态，如图3.18所示。当风向角在180°时，帆船的航行状态为正顺风状态，如图3.19所示。

帆船侧顺风航行时，风从帆船的侧后方吹到帆上，帆面上的气流线已无法发挥它的作用，因为此时已不是迎风航行时所利用的浮升力效应，而是降落伞效应。侧顺风航行时，主帆和前帆要放出四分之三的位置，帆位角大约60°，同时提升稳向板至四分之三的位置，最后升起球帆。由于龙骨帆船的前帆对球帆的受风状态影响较大，因此在升起球帆的同时要降下前帆。而有些小型帆船的前帆对球帆的影响并不大，因此在顺风航行的过程中，前帆始终没有降下或卷起。帆船在侧顺风航行中升起球帆之后，船的受力增加，船速增快，因此操作难度增大，如操作不当，帆船会翻船或发生意外，如图3.20所示。

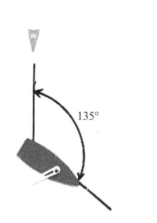

图3.18　帆船顺风航行　　　　图3.19　帆船正顺风航行　　　　图3.20　帆船翻船

帆船正顺风航行时，风从船的正尾部吹向帆面，此时放松主帆缭绳使主帆帆杆与船舷约成90°角，此时视风比真风弱，因此感觉船的速度比在迎风航行时慢。正顺风航行到达下风标志的距离最短，但速度比侧顺风的速度慢，因此帆船选手在比赛中常常

选择侧顺风的方式到达下风标志。正顺风的操作方法与侧顺风的操作方法相似，两者只是风向角的不同，在帆船比赛中要根据实际情况，而采取不同的操作方法。

二、帆船顺风航行训练方法

（一）帆船侧顺风航行训练方法

（1）海上布置三个标，分别为1标、2标和3标，1标至2标和2标至3标的距离大约是300 m。

（2）运动员驾驶帆船以左舷侧顺风约135°的航行角从1标向2标航行，绕过2标后近迎风航行至3标。

（3）帆船迎风换舷绕过3标后以右舷侧顺风约135°的航行角向2标航行，绕过2标后近迎风航行至1标。

（4）帆船迎风换舷绕过1标后以左舷侧顺风约135°的航行角向2标航行，整个过程形成一个循环，如图3.21所示。

（二）帆船正顺风航行训练方法

（1）海上布置两个标，分别为1标和4标，1标至4标的距离大约是300 m。

（2）运动员驾驶帆船以正顺风约180°的航行角从1标向4标航行，帆船绕过4标后迎风航行至1标。

（3）帆船绕过1标后以正顺风约180°的航行角向4标航行，整个过程形成一个循环，如图3.22所示。

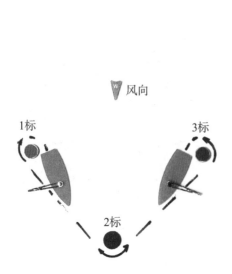

图3.21　帆船侧顺风航行训练方法

图3.22　帆船正顺风航行训练方法

第六节　帆船横风航行操作技术及训练方法

一、帆船横风航行操作技术

当风从帆船航行的正横方向吹向帆船时，风向与航向成90°，帆船以正横风状态航行。帆船大约以90°的风向角航行的状态称为横风航行，如图3.23所示。帆船横风航行时帆受到的推力最大，因此船速最快。

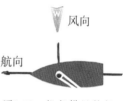

图3.23　帆船横风航行

二、帆船横风航行训练方法

（一）帆船迎风换舷绕横风标训练方法（图3.24）

（1）海上布置两个标，分别是1标和2标，距离约200 m，1标与2标的连线与风向垂直。

（2）运动员驾驶帆船从1点处出发，左舷横风航行至2标下风2点的位置。

（3）帆船迎风换舷绕过2标到达3点的位置。

（4）帆船右舷风航行至1标的下风4点的位置，迎风换舷绕过1标到达1点的位置。

图3.24　帆船迎风换舷绕横风标训练方法

（二）帆船顺风换舷绕横风标训练方法（图3.25）

（1）海上布置两个标，分别是1标和2标，距离约200 m，1标与2标的连线与风向垂直。

（2）运动员驾驶帆船从1点处出发，左舷横风航行至2标上风2点的位置。

（3）帆船顺风换舷绕过2标到达3点的位置。

（4）帆船右舷风航行至1标的上风4点的位置，顺风换舷绕过1标到达1点的位置。

图3.25　帆船迎风换舷绕横风标训练方法

（三）帆船迎风换舷与顺风换舷绕横风标训练方法（图3.26）

（1）海上布置两个标，分别是1标和2标，距离约200 m，1标与2标的连线与风向垂直。

（2）运动员驾驶帆船从1点处出发，右舷风航行至1标上风处2点的位置。

（3）帆船顺风换舷绕过1标到达3点的位置。

（4）帆船以左舷风航行到达2标下风4点的位置，迎风换舷绕过2标到达1点位置。

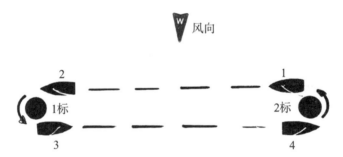

图3.26　帆船迎风换舷与顺风换绕横风标训练方法

第七节　帆船迎风偏转与顺风偏转及训练方法

一、帆船迎风偏转

帆船迎风偏转，顾名思义就是帆船迎着风改变航向的过程。下面以帆船从顺风航行状态偏转至横风航行状态的基本操作为例进行说明。帆船从顺风航行状态迎风偏转至横风航行状态的基本的操作如下：

1. 把主帆和前帆收进二分之一，帆位角约为45°。收帆的过程就是减小帆位角的过程，帆位角减小，风向角也减小。当帆船横风航行时，帆位角约为45°。

2. 推舵。推舵的过程是帆船迎风偏转的过程，帆船从顺风状态转入到横风状态。由于航向的改变，因此帆位角和风向角都随之改变。舵手在推舵的过程中要控制帆船的航行角在90°左右，以保持帆船在横风航行状态。舵手如果推舵过多，船头迎风偏转过大，帆船会进入迎风航行的状态，这种操作是失误的，此时舵手应该拉舵，使船头方向回到横风方向。

3. 稳向板降下二分之一。如果是龙骨帆船就不存在这一步，这只是稳向板帆船的做法。稳向板降下二分之一的目的是控制横风航向，提高升力，因此速度增快。

4. 稍收紧斜拉器。斜拉器收紧的目的是改变帆的形状以及帆的受力状况，当斜拉收紧时，帆杆降低，帆面受力更大，船速更快。

风向

总之，迎风偏转的过程主要是收帆推舵的过程，如图3.27所示。

图3.27　帆船迎风偏转

二、帆船顺风偏转

帆船顺风偏转就是帆船顺着风改变航向的过程。下面以帆船从迎风航行状态偏转至横风航行状态的基本操作为例进行说明。

帆船从迎风航行状态顺风偏转至横风航行状态的操作如下：

1. 稍放松斜拉器。放松斜拉器的目的是改变帆的形状以及帆的受力状况，当斜拉放松时，帆杆抬高，造成了帆弧加深，帆面张得更满，受力更大，船速更快。

2. 把主帆和前帆放出二分之一，帆位角约为45°。放帆的过程就是增大帆位角的过程，帆位角增大，风向角也增大。当帆船横风航行时，风向角约为90°，而帆位角约为45°。

3. 拉舵。拉舵的过程是帆船顺风偏转的过程，帆船从迎风状态转入到横风状态。由于航向的改变，因此帆位角和风向角都随之改变。舵手在拉舵的过程中要适度控制帆船的航行角在90°左右，以保持帆船在横风航行状态。舵手如果拉舵过多，船头顺风偏转过大，帆船会进入侧顺风航行的状态，这种操作是失误的，此时舵手应该推舵，使船头方向回到横风方向。

4. 稳向板提升二分之一。如果是龙骨帆船就不存在这一步，这只是稳向板帆船的做法。稳向板提升二分之一的目的是减少船体的助力和摩擦力，由于船体的助力和摩

擦力减少，升力增加，因此速度增快。

总之，顺风偏转的过程主要是放帆拉舵的过程，如图3.28所示。

图3.28 帆船顺风偏转

三、帆船迎风偏转与顺风偏转训练方法（图3.29）

（1）运动员驾驶帆船从1点位置出发以左舷横风航行。

（2）舵手进行推舵和收帆，使帆船进行迎风偏转到达2点的位置。

（3）舵手接着放帆和拉舵，使帆船进行顺风偏转到达3点的位置。

（4）舵手推舵和收帆，使帆船进行迎风偏转到达4点的位置。

（5）舵手接着放帆和拉舵，使帆船进行顺风偏转到达5点的位置。

（6）帆船航行大约300米之后，进行迎风换舷，以右舷横风航行，重复以上（1）至（5）的操作练习。

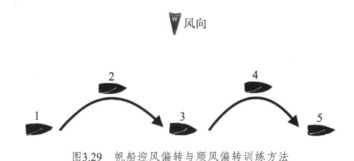

图3.29 帆船迎风偏转与顺风偏转训练方法

第八节 帆船迎风换舷与顺风换舷及训练方法

一、帆船迎风换舷

帆船迎风换舷是帆船在迎风航行的过程中所采取的改变方向的转向动作，帆船要驶向风向吹来的方向，并到达上风处的某个标志，它不可能以一个舷风直接抵达那里，而要进行多个迎风换舷的操作，帆船才能到达上风标志。由于在航行的过程中要进行迎风换舷，因此帆船在到达标志的航行路线为"Z"字形，如图3.30所示。

帆船迎风换舷的基本操作如下：

（一）推舵

帆船要进行迎风换舷时，舵手要缓慢推舵，使船头向上风偏转，直到船头越过帆船的首尾线。

（二）过帆

当帆船的船头越过船的首尾线的同时，主帆的帆杆也越过船的首尾线，舵手及缭手从上风一舷转换到下风一舷，之前的上风舷变成了下风舷，反之下风舷变成了下风舷。这个过程是运动员与帆杆交替的过程，运动员从帆杆底下经过，因此称为过帆。如果帆船之前是左舷风航航，过帆之后它就变成了右舷风航行。反之，如果帆船之前是右舷风航航，过帆之后它就变成了左舷风航行，如图3.31所示。

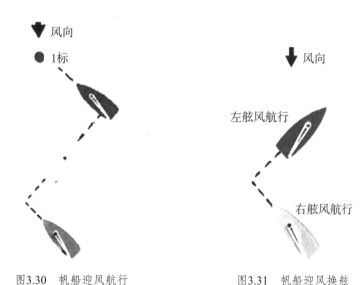

图3.30　帆船迎风航行　　　　图3.31　帆船迎风换舷

（三）回舵

舵手从一舷过渡到另外一舷之后，船头会继续往下风转动，当风向角到达45°时，舵手应开始回舵到止中间，使帆船以近迎风状态航行。

（四）换手

之前抓舵的手与抓主缭绳的手进行互换，如果在风力较大的情况下，换手动作一定要快速，并完成压舷的动作，以保持帆船的受力平衡，增加迎风的速度。初学者常常在此过程中出现翻船的情况，主要原因是压舷动作过慢所造成。

（五）看帆

说是看帆，其实是看帆上的气流线。气流线是帆船迎风角度与速度的参照物，舵

手要根据气流线的状态进行舵的调整，以保证帆船迎风航行的角度与速度，之前已经讲过气流线与掌舵的关系。

帆船在迎风航行时，往往出现飘帆减速的现象，"飘帆拉舵"是帆船起速最重要的操作之一。如果是航行角变小，即风向角变小而造成飘帆的原因，"飘帆拉舵"操作是正确的。如果是帆位角变大，即松帆而造成飘帆的原因，"飘帆拉舵"操作是错误的。因为"飘帆拉舵"操作虽然使帆船起速，但是帆船的迎风角度变大而航行更长的路程。正确的操作应该是收紧主帆及前帆缭绳，使帆受风起速，由此保持帆船的正常迎风角度，而以近迎风的状态航行。

初学者在航行的过程中，帆船经常出现停止不前的状况，主要原因是帆船的帆飘了。帆船的动力来自风，风吹在帆面上使帆船产生了向前的动力，当帆飘的时候，帆就没有兜到风，帆船就没有向前的动力，所以帆船就停止不前。为了使帆船重新起速，"飘帆拉舵"是正确的操作。

以上五点是帆船迎风换舷的基本操作步骤，为了方便记忆，可归纳为十个字：

一推、二过、三回、四换、五看。

这十个字是迎风换舷操作技术的重点与难点，不管是初学者还是高水平运动员，都要牢记这十个字。

二、帆船顺风换舷

帆船顺风换舷是帆船在顺风航行的过程中所采取的改变航向的技术动作。有些小型的单体帆船如OP级帆船、激光级帆船等在从上风标志向下风标志航行的过程中可以正顺风的航行状态航行，航行角一般在170°~180°之间。而带有球帆的帆船在从上风标志向下风标志航行的过程中通常以侧顺风的航行状态航行，航行角在135°左右，在这个角度航行的帆船，它的航速和航距比较理想。而帆船在侧顺风航行的过程中必须进行顺风换舷，帆船才能到达顺风标志。由于帆船在顺风航段上航行的过程中要进行顺风换舷，因此帆船在顺风航行时其路线也与迎风航行时相似，也是"Z"字形，如图3.32所示。

帆船的顺风换舷与迎风换舷在操作技术上有很大的差别，特别是帆船在顺风航行中挂着球帆进行顺风换舷难度很大，要求舵手、船长或船队要有较高的操作技术水平。在强风的情况下，舵手与缭手之间要有默契的配合。

帆船顺风换舷的基本操作如下。

（一）拉舵

帆船要进行顺风换舷时，舵手要缓慢拉舵，使帆船进行顺风偏转。如果挂着球帆进行顺风换舷，舵手与球帆缭手要相互配合。球帆缭手慢慢放出球帆缭绳的同时，舵手缓慢拉舵，帆船进行顺风偏转，此时要保持球帆受力正常，不能飘帆。

（二）过帆

当帆船顺风偏转到一定的角度时，球帆和主帆的帆杆也越过船的首尾线，球帆缭手放掉之前受力的球帆缭绳（C绳），并尽快收紧另外一舷的球帆缭绳（C绳）。舵手和缭手从上风一舷转换到下风一舷，之前的上风舷变成了下风舷，反之下风舷变成了上风舷。这个过程是运动员与帆杆交替的过程，运动员从帆杆底下经过，因此称为过帆。如果帆船之前是左舷风航行，过帆之后它就变成了右舷风航行。反之，如果帆船之前是右舷风航行，过帆之后它就变成了左舷风航行，如图3.33所示。

图3.32　帆船顺风航行路线

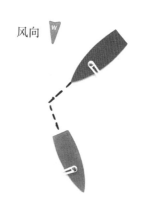

图3.33　帆船顺风换舷线

（三）回舵

舵手从一舷过渡到另外一舷的同时帆也从一舷过渡到另外一舷，由于过帆后帆的作用，船头会继续往上风偏转，因此舵手应尽快回舵，使帆船以侧顺风的状态航行。初学者常常在此过程中出现翻船的情况，主要原因是舵手没有及时回舵，控制帆船航行方向。

（四）换手

这个技术动作与迎风换舷相似，之前抓舵的手与抓主缭绳的手进行互换，如果在风力较大的情况下，换手动作一定要快速，并完成压舷的动作，以保持帆船的受力平衡，增加顺风的速度。

（五）看帆

在顺风航行时，由于球帆的面积比较大，帆船的受力也随之增大，因此在顺风换

舷的过程中，舵手和缭手都要一直盯着球帆，以保证球帆的正常受力。

以上五点是帆船顺风换舷的基本操作步骤，可归纳为十个字：

一拉、二过、三回、四换、五看。

顺风换舷与迎风换舷在技术动作上最大的区别是第一个字"拉"与"推"，顺风换舷是拉舵，而迎风换舷是推舵。

三、帆船迎风换舷与顺风换舷的训练方法（图3.34）

（1）运动员驾驶帆船从1点位置出发以左舷迎风航行。

（2）帆船进行迎风换舷到达2点的位置。

（3）帆船进入正常的迎风航行状态之后，继续进行迎风换舷到达3点的位置。

（4）帆船进行10个迎风换舷之后，进行顺风偏转到达4点的位置。

（5）帆船进入正常的迎风航行状态之后，再进行顺风换舷到达5点的位置。

（6）帆船进行10个顺风换舷之后，进入迎风偏航行。

（7）以10个迎风换舷和10顺风换舷为一组进行训练。

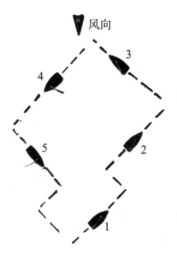

图3.34　帆船迎风换舷与顺风换舷的训练方法

第九节　帆船顶风飘帆的摆脱与帆船翻覆回正及训练方法

一、帆船顶风飘帆的摆脱

对于一些帆船初学者，在迎风航行的过程中，经常出现飘帆不前的状况，而不知如何是好。出现这种状况的原因有两种：一是帆松得太多，二是船头对着风向顶风飘帆。要想摆脱这种现状，让船起速，我们必须进行正确的操作。第一种帆松得太多而造成帆船飘帆不能前进的现象，处理相对简单。如果是主帆飘动，就把主帆缭绳收进来，使主帆后帆角收到正常的迎风状态位置。如果是前帆飘动，就把前帆缭绳收进来，让前帆后帆角收到正常的迎风状态位置。总的来说，就是收帆让帆受到风，船就前进。第二种船头对着风向顶风飘帆不能前进的处理方法相对难一些，不管怎么样，要找出帆船飘帆而不能前进的原因。当帆船对着风向顶风飘帆时，帆船的航行角一般在0°~30°之间，此时，帆没有受到风，因此没有往前的动力，只有航行角大约在45°时，帆就受到风，帆船就会前进。为了增大航行角，最简单的做法是拉舵，甚至摇舵，使帆船的船头往下风偏转，当船头偏转到一定程度时，帆船就缓缓起速。另外一种做法是用一边手推主帆的帆杆，让主帆反受风，同时另一边手推舵或者拉舵，帆船受力之后就后退，同时船头会向下风偏转，航行角增大，收帆前进。

二、帆船翻覆回正

帆船在大海中航行出现翻船是非常正常的现象，但这种现象是对没有龙骨的小型帆船而言，因为大型的龙骨帆船正常情况不会出现翻船现象，如果龙骨船翻了，说明设计出了问题。小型的稳向板帆船或者双体帆船，在航行中翻船时，应该如何处理，才能使帆船回正？

小型的稳向板帆船翻船时的回正方法：

1. 把球帆收进球帆袋（如果有），由于球帆着水，阻力增大，把球帆收进球帆袋有一定有难度。如果球帆收不进球帆袋，就把球帆解开，然后装进球帆袋。

2. 舵手和缭手迅速游泳到稳向板处。

3. 爬上稳向板，用手抓住船舷。

4. 利用身体的重量慢慢向下压，船就慢慢回正，如图3.35所示，最后把球帆重新绑好。

图3.35　帆船翻覆回正

值得注意的是，正船的时候，人在上风，帆船在下风，帆船就可以顺利回正。如果人在下风，帆船在上风，帆船就很难回正，如果拼命反压，帆船很容易出现再次反扣翻船的现象。如果一定要在下风回正帆船，就不能拼命反压，而是缓缓用力，让帆船的帆在没有离开水面的情况下进行顺风偏转，一直偏转到人在上风，帆船在下风，此时用力反压，帆船就可回正，而不会再次出现反扣翻船的现象。

回正帆船时，如果还有其他船员，所有人都要抓住船舷或船上的绳子，防止其他水中的船员在帆船回正的一瞬间离开帆船而造成危险。

三、帆船顶风飘帆的摆脱训练方法

训练方法一：

（1）让帆船在1位置顶风飘帆，运动员坐在帆船的左舷。

（2）频繁向左侧快速摇舵，摇舵时快速拉舵，回舵时速度要慢一些，使帆船的船头向右侧偏转至2位置。

（3）当帆船的船头方向与风的方向大约成50°时，收帆起速，如图3.36所示。

风向

图3.36　帆船顶风飘帆的摆脱

训练方法二：

（1）让帆船在1位置顶风飘帆，运动员坐在帆船的左舷。

（2）向上风推帆杆使帆反受风的同时推舵，帆船的船头向右侧偏转至2的位置。

（3）当帆船的船头方向与风的方向大约成50°时，收帆起速，如图3.37所示。

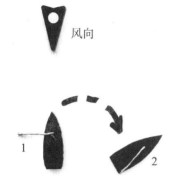

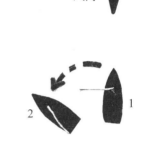

图3.37　帆船顶风飘帆的摆脱　　　　　图3.38　帆船顶风飘帆的摆脱

训练方法三：

（1）让帆船在1位置顶风飘帆，运动员坐在帆船的左舷。

（2）向上风推帆杆使帆反受风的同时拉舵，帆船的船头向左侧偏转至2的位置。

（3）当帆船的船头方向与风的方向大约成50°时，运动员坐到帆船的右舷，收帆起速，如图3.38所示。

四、帆船翻船回正的训练方法

（一）迎风翻船回正的训练方法

（1）左舷迎风驾驶帆船，让帆船向下风倾斜，并使帆船翻倒入水里。

（2）运动员爬上稳向板，处在帆船的上风位置，手抓住船舷，背对风向，用力反压。

（3）帆船在回正的同时，运动员迅速爬上帆船。

重要提示：

如果迎风航行翻船之后，帆杆在上风位置，运动员在下风位置，如图3.39所示。此时要慢慢用力反压帆船，当帆船的桅杆离开水面，而帆浮在水面时，使帆船在水面转动，让帆杆转至下风位置，运动员在上风位置背对风向时，用力反压，帆船在回正的同时，运动员迅速爬上帆船。如果不这样做，而是直接用力反压帆船，当帆船回正时，帆会反受

图3.39　翻船时帆杆在上风位置

风，造成第二次翻船，出现连续翻船的现象。

（二）顺风翻船回正的训练方法

（1）左舷顺风驾驶帆船，让帆船向下风倾斜，并使帆船翻倒入水里。

（2）运动员爬上稳向板，手抓住船舷，背对风向，用力反压。

（3）帆船在回正的同时，运动员迅速爬上帆船。

重要提示：

如果顺风航行翻船之后，帆杆在上风位置，运动员在下风位置，此时翻船回正的方法与迎风翻船回正的方法是一致的。但是，如果在顺风航行中挂着球帆航行翻船，正确的做法是先把球帆收进球帆袋或球帆筒，再进行翻船回正的操作。

第十节　帆船绕标操作技术及训练方法

一、绕迎风标

帆船在竞赛中从迎风航段过渡到横风或顺风航段的过程，通常以一个或者两个标志（门标）作为转换点，这个转换点就是迎风标。奥林匹克航线赛的四边形场地赛中的1标是迎风标，2标是横风标，3标和4标是顺风标，如图3.40所示。

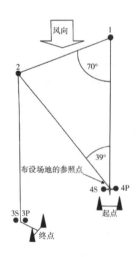

图3.40　奥林匹克四边形场地航线

帆船绕迎风标的具体操作：

（1）当帆船的船头到达1标的位置时，适度松开斜拉器。

（2）船体的三分之一部分越过1标的位置时，放出主帆和前帆缭绳，使主帆和前帆打开直到顺风状态。

（3）拉舵使帆船顺风偏转。

（4）拉高稳向板（如果有）。

（5）升球帆，并使球帆受满风。

（6）降前帆。

二、迎风标方位线

帆船在迎风航段上航行的过程中为了更快地到达迎风标，要求船长对迎风方位线做出正确判断。由于判断的失误，过早进行迎风换舷，使帆船不能绕过迎风标时称之为方位线跑低。这种情况下增加了帆船换舷的次数，同时使帆船损失了速度，如图3.41所示。反之，过晚的迎风换舷使帆船的航行距离加长，而这段距离是多余的，这种情况称之为方位线跑高，如图3.42所示。

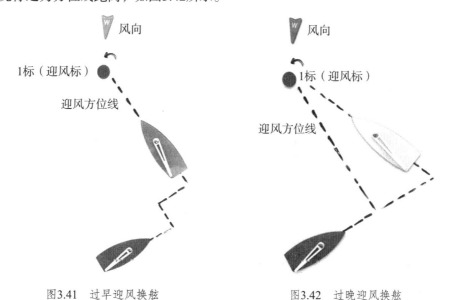

图3.41　过早迎风换舷　　　　图3.42　过晚迎风换舷

在没有考虑风摆和水流的影响情况下，迎风方位线的转向点是当船尾的沿线与迎风标的连线与航向成90°时，如图3.43所示。值得注意的是，竞赛中如果要求帆船是左舷绕迎风标，为了更准确地判断迎风方位线，舵手的正确做法是头右转去看迎风标，而不是左转去看迎风标。

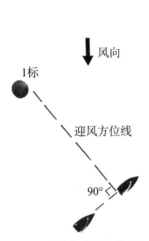

图3.43 迎风方位线的转向点

图3.44 帆船左舷绕迎风标

三、帆船绕迎风标的训练方法

帆船比赛中,绕迎风标的方式通常以左舷绕标为主,因此在训练中要以左舷绕标的方式进行重点训练。

帆船绕迎风标时最简单的训练方法:

(1)在自由海域布一个标志作为迎风标。

(2)帆船由标志的下风向标志方向进行迎风航行。

(3)当帆船到达迎风标时以左舷绕标的方式进行绕标。

(4)帆船绕迎风标后继续向下风方向航行大约50 m,然后转头向迎风标方向进行迎风航行,接着进行左舷绕标的练习,如图3.44所示。

四、帆船绕横风标

在奥林匹克四边形航线赛中,横风标通常称为2标。帆船以横风航行绕过横风标时有两种方式,一种是顺风偏转绕过横风标,另一种是在进行顺风换舷的同时绕过横风标。第一种方式相对比较简单,只要进行顺风偏转就可以。而第二种绕过横风标的方式相对比较难,比赛中有很多选手用这种方式进行绕标时,出现翻船的现象。特别是在强风中,绕横风标时翻船的人会更多。下面介绍两种绕横风标的训练方法。

帆船绕横风标的训练方法一:

(1)在海上布两个标,称为1标和2标,两个标的距离约为100 m,两个标的连线与风向垂直。

（2）运动员驾驶帆船进行横风绕标，帆船航行的路线如同一个横躺的"8"字。

（3）帆船先以右舷风向1标下风处航行，准备进行迎风换舷绕过1标。

（4）帆船迎风换舷绕过1标后断续以左舷风向2标下风方向航行，准备进行迎风换舷绕过2标。

（5）帆船通过迎风换舷绕过2标后，以右舷风向1标的下风方向航行，接着以迎风换舷的方式绕过1标。

帆船绕完两个标后，整个路线形成了一个横躺的"8"字，如图3.45所示。运动员根据训练计划，以时间为单位进行训练。

图3.45　帆船迎风换舷绕横风标

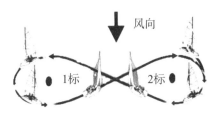

图3.46　帆船顺风换舷绕横风标

帆船绕横风标的训练方法二：

（1）在海上布两个标，称为1标和2标，两个标的距离约为100米，两个标的连线与风向垂直。

（2）运动员驾驶帆船进行横风绕标，帆船航行的路线如同一个横躺的"8"字。

（3）帆船先以右舷风向1标上风处航行，准备进行顺风换舷绕过1标。

（4）帆船顺风换舷绕过1标后断续以左舷风向2标上风方向航行，准备进行顺风换舷绕过2标。

（5）帆船通过顺风换舷绕过2标后，以右舷风向1标的上风方向航行，接着以顺风换舷的方式绕过1标。

帆船绕完两个标后，整个路线形成了一个横躺的"8"字，如图3.46所示。运动员根据训练计划，以时间为单位进行训练。

五、帆船绕顺风标

帆船在竞赛中从顺风航段过渡到迎风航段的过程，通常以一个或者两个标志（门标）作为转换点，这个转换点就是顺风标。

帆船绕顺风标的具体操作如下：

（1）升起前帆。

（2）降下球帆。

（3）降下稳向板（如果有）。

（4）收紧主帆和前帆缭绳，使主帆和前帆达到迎风状态。

（5）推舵。

（6）拉紧斜拉器。

六、顺风标方位线

帆船在顺风航段上航行的过程中，为了更快地到达顺风标，要求船长对顺风方位线做出的正确判断。过早地顺风换舷增加了换舷的次数，同时也使帆船损失了速度，如图3.47所示，较晚地顺风换舷使帆船的航行距离加长，而这段距离是多余的，如图3.48所示。

七、帆船绕顺风标的训练方法

训练方法一：

（1）在海上布一个标，称为4标。

（2）运动员以左舷顺风驾驶帆船从标的上风处大约80 m的距离向4标左侧航行，准备进行迎风偏转绕过4标。

（3）帆船绕过4标后，断续迎风航行。

（4）帆船迎风航行至4标上风方向大约80 m时，转头进入顺风航行的状态准备去绕4标，如图3.49所示。运动员根据训练计划，以时间为单位进行训练。

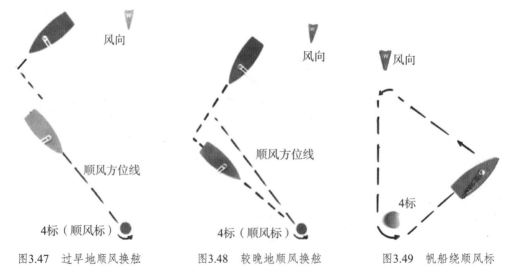

图3.47　过早地顺风换舷　　　图3.48　较晚地顺风换舷　　　图3.49　帆船绕顺风标

训练方法二：

（1）在海上布一个标，称为4标。

（2）运动员以右舷顺风驾驶帆船从标的上风处大约80 m的距离向4标右侧航行，准备进行迎风偏转绕过4标。

（3）帆船绕过4标后，断续迎风航行。

（4）帆船迎风航行至4标上风方向大约80 m时，转头进入顺风航行的状态准备去绕4标，如图3.50所示。运动员根据训练计划，以时间为单位进行训练。

八、帆船绕迎风标和顺风标的综合训练方法

训练方法：

（1）先在海上布一个标，称为1标，也称迎风标。再顺着风向在1标的下风大约80 m布另外一个标，称为4标，也称顺风标。

（2）运动员进行迎风航行，以左舷绕标的方式绕过1标，之后顺风向4标航行。

（3）帆船到达4标后，进行迎风偏转绕过4标，然后断续进行迎风航行，准备去绕1标。

（4）帆船绕过1标后又进入顺风航行的状态准备去绕4标，如图3.51所示。运动员根据训练计划，以时间为单位进行绕标训练。

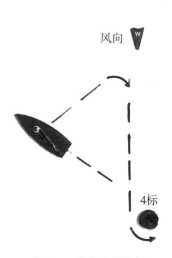

图3.50　帆船绕顺风标

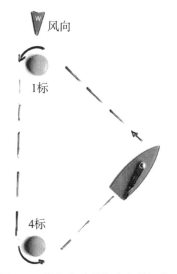

图3.51　帆船绕迎风标和顺风标的

第十一节 帆船起航技术及训练方法

起航技术是帆船比赛中最复杂的一项的技术，特别是在短距离的帆船场地赛中尤为突出。起航的成功往往决定了一场比赛的胜利，一条帆船为了获得起航的成功，他必须占据最佳的起航位置，用最准确的时间，以最快的速度冲出起航线，这就是帆船起航成功的三大要素。帆船的起航是否成功，由这三大要素决定。但是做到这一点并不是一件容易的事，运动员在比赛中要么占不到最佳的起航位置，要么晚航或抢航，要么没有速度冲出起航线，不管哪个要素出问题，都会导致起航的失败而获得较差的成绩。因此帆船要起航成功，必须根据三大要素的内容进行科学系统的训练，提高帆船起航的技术水平，才能达到事半功倍的效果。

再次强调，帆船起航成功的三大要素：最佳的起航位置、最准确的起航时间和最快的起航速度。

一、起航位置

占据有利的起航位置是帆船起航成功的前提条件，在奥林匹克场地赛中，裁判员会根据风向进行布标，而1号标的方位线会与起航垂直，如图3.52所示。从理论上来说参赛船只不管从起航线的任何一个位置起航出去都是公平的。但事实并非如此，由于风变和水流等因素，帆船从起航线不同的位置起航会有不同的效果。

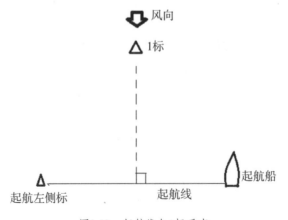

图3.52　起航线与1标垂直

如何才能占有最佳的起航位置？要想占有最佳的起航位置必须知道最有利的起航位置在哪里，以下介绍几种起航位置有利方法。

（一）风向不变时

假设风向不变，当裁判员把1标和起航线的左右侧标志布置好之后，我们可通过起航线左右两侧的标志位置来判断帆船在左侧起航有利还是右侧起航有利。如果起航线左侧标志偏高，帆船在左侧起航有利，在右侧起航的帆船无利，如图3.53所示。如果起航线右侧的标志偏高，帆船在右侧起航有利，在左侧起航的帆船无利，如图3.54所示。

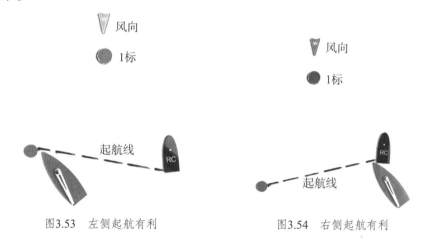

图3.53　左侧起航有利　　　　　　　　图3.54　右侧起航有利

（二）风向摆动时

风向出现摆动的操作方法是，风向向左摆时，帆船在起航线的左侧起航有利，如图3.55所示。当风向向右摆时，帆船在起航线的右侧起航有利，如图3.56所示。

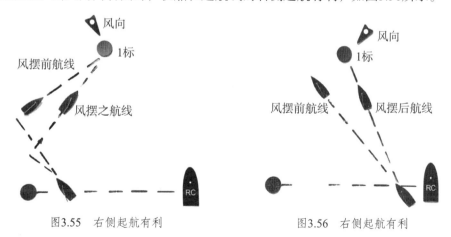

图3.55　右侧起航有利　　　　　　　　图3.56　右侧起航有利

（三）阵风出现时

当起航线上风区域出现阵风时，要根据风区来判断起航线有利的一侧。当起航线

左侧有阵风时，帆船在起航线的左侧起航有利，如图3.57所示。当起航线的右侧有阵风时，帆船在起航线的右侧起航有利，如图3.58所示。

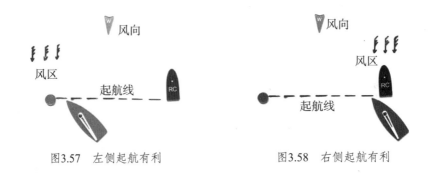

图3.57　左侧起航有利　　　　　　　　图3.58　右侧起航有利

二、起航占位的方法

（一）飘帆占位法

飘帆占位法主要是靠舵与主帆和前帆的配合，使帆船长时间停留在起航线的某一个位置上进行起航。稳向板帆船和双体帆船及一些小型的帆船对这种方法比较实用。比赛中采取这种方法进行起航时，在进入起航程序还有3分钟倒计时，你的帆船就应该已在起航线上飘帆占位。

如果风浪较小，水流较缓慢，摇舵和收放帆的动作会使帆船长时间飘帆停留在起航线附近，但摇舵的动作要符合规则42的规定。如果风浪较大，流速较快，并且是逆流起航，在这种情况下使帆船长时间飘帆停留在起航线附近的某一位置是很难的。因此没有系统科学的训练，帆船是不受你控制的，你想在某一个位置停下来，可船并不听你的。要想提高飘帆占位的技术，必须制订可行的训练计划。技术提高的过程是量的积累的过程，没有量的积累，就没有质的飞跃。

飘帆占位的训练方法：

（1）在风小和流速较慢的环境中练习。

（2）在中风和流速较快的环境中练习。

（3）在大风和流速很快的环境中练习。

（4）训练时间要遵守从短至长的原则，每一次飘帆占位的时间最好从20秒、30秒、40秒……4分钟、5分钟等进行，直到把船控制在自己想停的范围之内。

飘帆占位的具体操作如下：

（1）当起航信号发出后，时间进入倒计时3分钟之前，帆船缓慢航行靠近起航线。

（2）放帆推舵，使帆船处在顶风飘帆状态，但帆杆不能越过帆船的首尾线而形成迎风换舷的动作，舵手始终坐在帆船的上风。

（3）当船体被风浪推向下风时，舵手要收帆摇舵，使帆船向上风推进，以免帆船向下风飘移。

（4）摇舵的时候要保持主舵柄在帆船首尾线的一侧，主舵柄不能来回经过帆船首尾线三次而违反规则42，如图3.59所示。

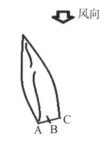

图3.59　飘帆摇舵占位

主舵柄在A点与C点的范围内经过B点来回连续摇舵的动作是犯规的，违反了规则42，而在A点与B点之间，或在B点与C点之间做缓慢地摇舵的动作是不犯规的。如果帆船出现向下风飘移或横移的状况，要尽快收帆起速，使帆船驶近起航线。

（二）蛇形游走占位法

蛇形游走占位法是指当起航信号发出后，舵手根据起航的时间，以及帆船与起航线之间的距离，驾驶帆船以蛇形的路线缓慢航行靠近起航线进行起航的方式。帆船参加比赛时常常采用的这种方法进行起航，它的重点与难点在于舵手如何处理好起航的时间、距离与速度三者之间的关系问题，也就是说舵手要根据起航时间控制帆船与起航线的距离以及帆船的航行速度。

蛇形游走占位法的具体操作如下：

（1）帆船迎风偏转，飘帆航行。

（2）帆船顺风偏转，占领空间。

（3）帆船再进行迎风偏转，飘帆航行。

（4）竞赛帆船以相似蛇形的路线靠近起航线，如图3.60中的A点至B点的过程是游走占位的过程。

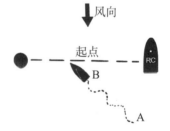

图3.60　蛇形游走占位法

如果帆船过早靠近起航线，应放帆减速，使帆船与起航线保持一定的距离。如果过早地靠近起航线而控制不了船速，将会被迫抢航，而陷入非常不利的状况。如果是船体较长的龙骨帆船，惯性较大，立刻把船停下来是不可能的事情。当帆船距离起航线较远时，收帆起速，使帆船尽量向上风缓慢航行，抢占上风的空间，这样做的目的是给下风留出足够的空间，以便帆船放帆拉舵时有足够的空间向下风航行。只有下风有足够的空间，帆船才容易起速。

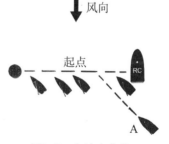

图3.61　加速占位法

（三）加速占位法

加速占位法是帆船运动员在起航信号发出之前的最后阶段，利用帆船的速度直接冲出起航线的方法，如图

3.61所示。

加速占位法虽然有一定的风险，但是往往收获很大。因为加速占位的帆船在冲出起航时，船的速度已经达到最佳状态，而飘帆占位的帆船此时还在慢慢起速。

三、起航时间

起航时间是指帆船在竞赛中按规则规定进行起跑的时间，通常采用五分钟倒计时的起航方式。

五分钟倒计时起航的具体流程如下：

（1）5分钟升起级别旗（准备信号）。

（2）4分钟预告信号，升起P旗（I旗、Z旗、U旗或黑旗中的一种）。

（3）1分钟降下P旗（I旗、Z旗、U旗或黑旗）。

（4）0秒起航，降下级别旗。

五分钟的倒计时很容易，但帆船在什么时间，在什么位置，以多快的速度航行才是最佳的，做到准时、快速地起航是比较难的。有的帆船选手为了快速冲出起航线，结果抢航了，有的选手因把帆船与起航线的距离估计不准，结果晚航了，因此，起航时间要做到速度与位置相结合，才能达能最佳的起航效果。

一个优秀的团队或选手要根据风的情况制订好起航计划，对起航时间进行合理安排。起航的时候，帆船在什么时间，应该处在什么位置，船速是多少，船长和舵手应该心里有数。特别是在起航信号发出之前的最后10秒钟非常重要，这是起航的最后冲刺阶段，帆船必须获得最佳的起航速度。此时起航线上的船只很拥挤，容易产生犯规，竞争激烈，船长或舵手已没有空去看手表，因此最后10秒钟的倒计时只能在心里默念。如果是大帆船比赛，必须安排一名瞭望手看起航时间、起航线和其他船只等。最后10秒钟的倒计时要在日常的训练中练习，而不是在比赛的时候临时抱佛脚。如果在比赛中你比对手慢了1秒钟起航，你可能只落后半米的距离，但你将处于被动的位置，30秒钟后可能被对方拉开了距离并落在船群的后方。

起航时间和帆船所处在起航线位置的准确性判断是比较难的，在平时要进行以上内容的训练。

四、起航时间与起航线位置判断训练方法

（一）帆船在起航线左侧起航训练方法

布置好起航线，设计2分钟起航时间，帆船根据时间慢慢向起航线的左侧靠近，直到最后10秒钟时加速起航。当船长或舵手认为该船头的最前一点到达起航线的一刹

那，举手向起航线右侧的教练船示意，表示该帆船到达了起航线。教练员根据该帆船的冲线情况，向船长或舵手反馈帆船的起航信息，特别是要告诉船长或舵手，当他们举手时帆船的船头与起航线的距离，如图3.62所示。

（二）帆船在起航线右侧起航训练方法

帆船在起航线右侧起航训练方法与帆船在起航线左侧起航训练方法相同，最大的区别是一个在起航线左侧起航，另外一个方法是在起航线右侧起航，如图3.63所示。

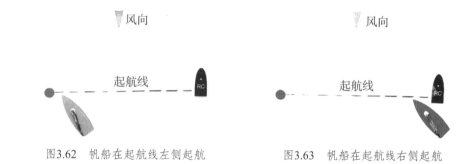

图3.62　帆船在起航线左侧起航　　　　　图3.63　帆船在起航线右侧起航

（三）帆船在起航线中间起航训练方法

帆船在起航线中间起航训练方法与帆船在起航线左右两侧起航的训练方法一样，但帆船在起航线中间起航时对起航线位置的判断容易造成错觉。

在帆船比赛中船只越多起航线就越长，当起航线较长时，在起航线中间位置起航的帆船容易对起航线位置的判断造成错觉，船只会在起航线的下风形成一条弧线，这种情况下在中间起航的帆船经常会晚航，如图3.64所示。

图3.64　帆船在起航线中间起航

为了解决这个问题，除了平时的冲线练习之外，起航线左右两端寻找起航参照物是有必要的。在起航线左右两端寻找起航参照物的方法其实很简单，比赛时起航线右侧的起航船和左侧的起航标布置好之后，先驾驶帆船到起航船的右侧。以起航船上的起航旗杆和起航线左侧标为两点一线，寻找一个参照物为第三点，形成三点一线，第三个点就是起航的参照点，如图3.65所示。

同样的道理，在起航船的右侧也可以找到一个起航参照物，如图3.66所示。当然，在看不到岸边的茫茫大海上，这种寻找起航参照物的方法就会失效。

值得注意的是，当起航前风力较小时，参加起航的帆船不能离开起航线过远，防止起航信号发出后，帆船还没有到达起航线而造成晚航。

图3.65 参照物在起航线左侧　　　　图3.66 参照物在起航线右侧

五、起航速度

起航速度由清晰的气流决定，清晰的气流是帆船
向前运动的必要条件。帆船在运动中，没有清晰的气
流，就不可能有良好的船速，也就不可能有较好的比赛
成绩。起航时船群密集，战术格局变化性强，给帆船获
取清晰的气流造成很大的困难。在出发位置确定后，获
得清晰的气流往往成为起航前选手们争取实现的主要目
标。获取清晰气流的主要条件是上风没有船能挡风，同
时没有受到下风船回风的影响，如图3.67所示。

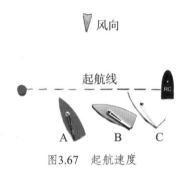

图3.67 起航速度

图3.67中A、B、C三条帆船同在一起进行起航，在中间存盘的B船不能被上风C船
挡住来风，同时要与下风的A船保持一定的距离，没有受到下风船回风的影响，给自
己留出拉舵起速的空间。

帆船在起航时达到了较高速度不仅是获取清晰气流的结果，同时还依赖于高超的
起航技术。清晰气流和起航技术的同时作用，可使帆船在起航后的短时间内就达到了
较高船速。只有在起航信号后，使船达到最快的行驶速度，才能避免其他船只干扰，
才能获取清晰气流，才能进入最佳的速度状态。

当起航时间进入最后30秒倒计时的时候，舵手或船长应该根据帆船所处的位置进
入加速状态，直到最后0秒时，帆船达到最快速度。

六、起航速度训练方法

（1）帆船在起航线下风20 m处飘帆停船，然后收
帆起速冲出起航线，记录帆船到达起航线的时间。帆
船冲出起航线后，从右侧起航船的上风返回，再重复
练习，如图3.68所示。

（2）帆船在起航线下风10 m处飘帆停船，然后收
帆起速冲出起航线，训练方法与（1）相同。

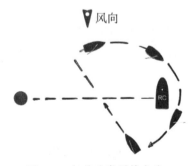

图3.68 起航速度训练方法

（3）帆船在起航线下风5 m处飘帆停船，然后收帆起速冲出起航线，训练方法与（1）相同。

（4）帆船在起航线下风3 m处飘帆停船，然后收帆起速冲出起航线，训练方法与（1）相同。

（5）帆船在起航线下风1 m处飘帆停船，然后收帆起速冲出起航线，训练方法与（1）相同。

第十二节　帆的调整技术及训练方法

帆船的速度由帆的受风状态决定，也可以说是由帆的受风形状决定的，帆没有调整到理想的帆形，帆船的速度就大打折扣。帆的调整是根据风力的大小进行的，不同的风力对帆有不同的调整要求。

一、主帆的调整及训练方法

（一）主帆的调整

主帆的调整主要通过升帆绳、主帆缭绳、主帆滑轨、帆杆斜拉器、帆后角调整绳和桅杆等设备的调整来完成。主帆在小风、中风和大风中航行时，调整帆的最大曲度位置是不同的，拱度的大小也是不同，也就是说，对帆的最大弧深和帆形调整到最佳状态，帆船才能以最快的速度航行。由于帆船会在不同风力下航行，因此主帆的调整要根据风力的变化而有所改变，以下是帆船在小风、中风和大风航行中主帆的调整方法。

（1）帆船在小风（1~8节风速）中航行，主帆的调整方法：

当风速在1~8节时，主帆要完全展开，若将帆面分为3等分，帆面最大弧深处在中间1等分内，前面1等分从桅杆到帆面最大弧深处帆的形状逐渐平滑过渡，如图3.69所示。而舵手的行动是，松开帆后角调整绳，收紧主帆滑轨，使帆杆的位置贴近船体的中心线，收紧主帆缭绳。

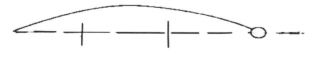

图3.69　风速在1~8节主帆弧形调整

（2）帆船在中风（9~18节风速）中航行，主帆的调整方法：

当风速达到9~18节时，通过放松主帆帆后边，并增加帆前边拉力，使最大弧深点向帆前边靠近，如图3.70所示。

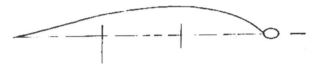

图3.70　风速在9-18节主帆弧形调整

（3）帆船在大风（18节以上风速）中航行，主帆的调整方法：

当帆船在18节以上风速中航行时，主帆必须调整得非常平，最大弧深处为帆的1/3的中间，如图3.71所示。具体的做法是，持续增大帆前边的拉力，并同时拉紧帆后角和主帆缭绳，主帆滑轨移动到下风位置。

图3.71　风速在18节以上主帆弧形调整

主帆滑轨能迅速调整主帆的角度和主帆的形状，使帆船更快地进入最佳的航行状态。它的作用与功能与主帆缭绳一致，但主帆滑轨的效率更高，如图3.72所示。

图3.72　主帆滑轨

（二）主帆调整训练方法

（1）在不同风速的情况下，迎风驾驶帆船进行主帆的调整，从帆的底部往帆的顶部观察帆弧的变化，同时观察主帆面上气流线的变化。

（2）在不同风速的情况下，横风驾驶帆船进行主帆的调整，从帆的底部往帆的顶部观察帆弧的变化，同时观察主帆面上气流线的变化。

（3）在不同风速的情况下，顺风驾驶帆船进行主帆的调整，从帆的底部往帆的顶部观察帆弧的变化，同时观察主帆面上气流线的变化。

二、前帆的调整及训练方法

（一）前帆的调整

前帆的调整主要是对帆后角、帆后边、帆下边、前缭滑轨和前帆前缭支点角度的调整。从前帆舷边到前帆前缭支点之间画一条线，测量它与船体中心线之间的夹角，这个夹角叫前帆前缭支点角，如图3.73所示。前帆

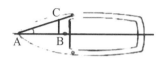

图3.73　前帆前缭支点角

的调整主要通过前帆前缭支点角度来完成，当帆船在小风中航行时，正确的操作是帆后角的滑轨支点前移或前缭放松，增加前帆的最大弧深，为帆船提供更大的推力。中风航行时，正确的操作是帆后角的滑轨支点后移，同时前缭收紧，减少前帆的最大弧深。大风航行时，正确的操作是帆后角的滑轨支点尽量后移，同时前缭收紧，尽量减少前帆的最大弧深，以增加帆船的推力。但风力过大时，前缭收紧是一个错误的操作，此时应该放松前缭，把前帆的一部分风卸掉，增加前帆前缭支点角度，保持帆船的受力平衡。

前帆最大弧深位置不允许出现在帆中心以后的位置，因为其结果是前帆与主帆之间的夹缝变窄，使主帆获得过多的回旋风，从而使整个帆面失效，产生极小的向前推动力。

前缭滑轨主要调整前帆的角度和形状，使帆船更快地进入最佳的航行状态，如图3.74所示。

前缭滑轨

图3.74　前缭滑轨

（二）前帆调整训练方法

（1）在不同风速的情况下，迎风驾驶帆船进行前帆的调整，从帆的底部往帆的顶部观察帆弧的变化，同时观察前帆面上气流线的变化。

（2）在不同风速的情况下，横风驾驶帆船进行前帆的调整，从帆的底部往帆的顶部观察帆弧的变化，同时观察前帆面上气流线的变化。

（3）在不同风速的情况下，顺风驾驶帆船进行前帆的调整，从帆的底部往帆的顶部观察帆弧的变化，同时观察前帆面上气流线的变化。

三、前帆和主帆相互配合的调整及训练方法

（一）前帆和主帆相互配合的调整

帆船在迎风和横风航行的过程中，前帆和主帆相互配合的调整非常重要。当气流经过前帆时，前帆能使气流在主帆背风的一面迅速流动，尤其是主桅杆湍流区域，这

一区域称为喷口，如图3.75所示。喷口的形状是由前帆与主帆的调整形成的，喷口的形状决定了帆船的速度，所以双帆的调整主要是喷口的调整。

前帆的帆后边表面空气能均匀流动并有效改善主帆，但前提是把前帆调整到合适的帆形。

影响前帆外形的一个主要因素是帆前边松垂，如果帆前边过于松垂，那将导致前帆与主帆间喷口很难保持合适的距离。帆前边被拉紧会使风直接吹向主帆，而不是沿着主帆，此时会形成回风。以上的做法都是不合理的，正确的做法应该是根据风力大小，对帆前边的松紧度进行合适的调整。

当前帆的帆后边拉得很紧时，气流通过前帆吹向主帆，使主帆形成了波纹，如图3.76所示。当松开帆后边时，喷口的气流就形成涡流，如图3.77所示。只有把前帆调整为正确的形状，气流就平滑地吹向主帆。

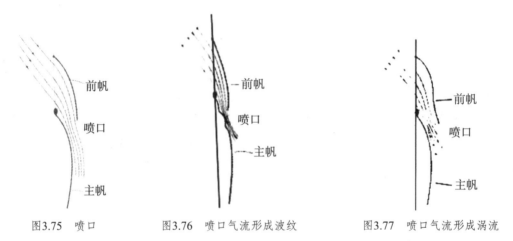

图3.75 喷口　　　　图3.76 喷口气流形成波纹　　　　图3.77 喷口气流形成涡流

（二）前帆和主帆相互配合的调整训练方法

（1）在不同风速的情况下，迎风驾驶帆船进行前帆和主帆相互配合的调整，从帆的底部往帆的顶部观察帆弧的变化，同时观察前帆和主帆气流线的变化。

（2）在不同风速的情况下，横风驾驶帆船进行前帆和主帆相互配合的调整，从帆的底部往帆的顶部观察帆弧的变化，同时观察前帆和主帆气流线的变化。

（3）在不同风速的情况下，顺风驾驶帆船进行前帆和主帆相互配合的调整，从帆的底部往帆的顶部观察帆弧的变化，同时观察前帆和主帆气流线的变化。

四、大前帆的调整及训练方法

（一）大前帆的调整

一般较大的帆船才配有大前帆，由于面积较大，因此大前帆收紧后会与主帆重叠，经过大前帆帆后边的气流会平行或集中流过相连主帆的部分。太集中的气流可能会对主帆产生不良回流，使主帆的效率变小，然而分散的气流会导致大前帆推进力减小，甚至有可能使主帆底边背面的气流失效，而增加帆的阻力。

大前帆的调整角度取决于帆的重叠多少和调整点的位置，因此在前帆绳的前缭滑轨必须根据风况变化而移动。在小风中，大前帆绳的前缭滑轨应从中点向前移动几英寸，也可以向船内侧移动前缭滑轨。在大风中，大前帆绳的前缭滑轨向后移动几英寸。过度收紧大前帆，会增加帆船的横向力，而减小了向前的推动力。

（二）大前帆的调整训练方法

（1）在不同风速的情况下，迎风驾驶帆船进行大前帆的调整，从帆的底部往帆的顶部观察帆弧的变化，同时观察帆面上气流线的变化。

（2）在不同风速的情况下，横风驾驶帆船进行大前帆的调整，从帆的底部往帆的顶部观察帆弧的变化，同时观察帆面上气流线的变化。

（3）在不同风速的情况下，顺风驾驶帆船进行大前帆的调整，从帆的底部往帆的顶部观察帆弧的变化，同时观察帆面上气流线的变化。

五、球帆的调整及训练方法

（一）球帆的调整

球帆是由尼龙制成的三角形帆，一般分为等边三角形和不等边三角形两种。当球帆升起时，朝前的一边为帆前边，朝后的一边为帆后边，底部的一边叫帆底边。球帆的面积一般大于前帆和主帆的总和，由于帆的面积较大，球帆受风时受力也很大，因此操作球帆时需要有很好的技术。

帆船在顺风航行时，要升起球帆，当然有些帆船运动员在横风航行时也升起球帆，但前提条件是船的可控性，这要求船长以及船员要有较高的操作技术。大的帆船在升起球帆之后必须降下前帆，这样做的目的是使球帆获得清晰的气流，而一些小的帆船如470级帆船就没有这个必要，因前帆较小，对球帆的影响不大，这也是设计者的目的。大帆船在升起球帆的过程中，舵手和其他水手的配合非常重要。

升起球帆的方法是，舵手拉舵，让帆船以接近正顺风航线航行，缭手尽快把球帆的帆上角（H角）升到桅杆顶部，球帆的帆前角缭绳（T绳）尽快拉到船头（大约留出60 cm长度，留出的长度视船型而定），如图3.78所示。球帆的帆后角缭绳（C绳）尽快向后拉，与此同时，舵手稍微使帆船进行迎风偏转，让球帆受风。接着舵手稍微拉舵，让帆船进行顺风偏转，直到帆船以正常的侧顺风角度航行。

球帆的操作难度较大，需要舵手和缭手默契地配合，具体的操作方法如下：

（1）当球帆的帆前边飘帆时，缭手收紧球帆缭绳（C绳）或舵手拉舵，球帆会尽快地受满风；

（2）当球帆的帆后边飘帆时，缭手放出一点球帆缭绳（C绳）或舵手推舵，球帆会尽快地受满风。

无论如何，球帆的正确定操作是让球帆尽可能始终受满风航行，保持最佳的速度与角度。

在升起球帆的过程中经常出现球帆缠结的现象，这种缠结的现象叫作"葫芦帆"，整个球帆缠绕成两段，形成一个葫芦结，形状好像一个葫芦，如图3.79所示。

图3.78　球帆帆前角缭绳

图3.79　葫芦帆

帆船出现"葫芦帆"之后，船的速度会明显变慢，为了提高船的速度，要尽快采取行动，把葫芦结打开。解开"葫芦帆"的方法是，舵手拉舵，让帆船以接近正顺风航线航行，其目的是减少球帆的受力，缭手抓住球帆的前帆边和后帆边用力向外拉。如果葫芦结还打不开，就要稍松弛球帆升降绳，让球帆稍下降，同时抓住球帆的前帆边和后帆边用力向外拉。如果还是打不开，只能把球帆降到甲板上，重新进行整理。

当然，最好的做法是不要出现"葫芦帆"，因此我们要找到产生"葫芦帆"的原因。产生"葫芦帆"的原因是球帆降下放进球帆袋或船舱时比较混乱，而在升起之前却没有整理好，因此在升起球帆时，对球帆进行整理是非常有必要的。

船速是评价调帆是否最佳的最好标准。我们可以通过帆船上的速度仪表来判断我们对帆的调整是否合理，调整后的帆船速度是否加快。人对船速的感觉是不准确的，只有通过帆船上的速度仪表才确定调整帆的效果。

如果风力过大，风将会对帆船产生过大的推进力，球帆将达到最高效率，但此时帆船已经处于危险之中。为了防止球帆爆破或因风力过大而造船只损坏，使航行更安全，最好的做法是降下球帆，改用前帆。

（二）球帆的调整训练方法

在不同风速的情况下，顺风驾驶帆船，在舵手和缭手的配合下进行球帆的调整，观察帆形的变化。

六、升帆绳的调整

不管前帆还是主帆，升帆绳的调整也非常重要。帆船在航行中，随着风力的增大，应该增加升帆绳的拉力，使帆的最大弧深位置向前移动，同时使帆面拱度变小。当风力变小或帆船接近横风航线航行时，减小升帆绳的拉力，直到帆前边的形状开始皱褶，这样将会使帆鼓起，帆船将受到更大的推进力。

七、斜拉器的调整

许多人对斜拉器的调整不够重视，认为可有可无，这是错误的认识。其实斜拉器的调整非常重要，帆船在不同的航段以及不同的风速中航行时，正确调整斜拉器，速度会明显提升。斜拉器在不同航段的调整方法是，迎风航行时收紧，横风航行时稍微放松，顺风航行时再放松。

帆船在迎风航段航行时，具体调整斜拉器的方法如下：

（1）小风航行时，调松斜拉器直到帆杆稍微向上抬高，增加主帆的推动力。

（2）中风航行时，稍微拉紧斜拉器，使帆杆与甲板平行。

（3）大风航行时，尽量拉紧斜拉器，使帆杆向下移。

特别注意的是，在强风中，帆船由迎风航行状态迅速转入顺风航行状态的过程中，如果斜拉器松得过慢，将使主帆无法完全打开，帆船会产生向上风偏转的强大动力，造成了舵的失效。这种情况经常在帆船竞赛中出现，当帆船从迎风航线绕过迎风标志转入顺风航线瞬间，及时松开斜拉器以增加主帆的推动力，减少舵的拉力，帆船会迅速顺风偏转，进入顺风航线航行。

八、桅杆的调整

桅杆的调整由桅座、侧支索和后支索的调整来完成。

在设计上，大多数的帆船桅座是无法调整的，特别是一些大帆船更是如此。由于大帆船的船体比较大，因此桅杆又高又重，为了安全，设计师在设计时把桅杆固定于

船体上而无法调整。但有些小帆船
的桅座是可以调整的，比如OP级帆
船的桅座是可以调整的，如图3.80所
示。舵手可以根据风力的大小，对
OP级帆船的桅座进行前后移动的调
整，使桅杆往前或往后倾斜，达到调
整桅杆的目的，而最终是达到调整帆
形的目的。

图3.80　OP级帆船桅座

桅座的调整方法如下：

风大时桅座往前移动，移动的尺度由风力而定，而具体的数据要在实践中去完
成，因为不同体重的船员和不同重量的船只要调整出不同的数据。桅座往前移动之
后，桅杆的上部分向后倾斜，这样主帆受风时，气流从帆前边迅速沿着帆面流向帆
后边，增加了帆的推动力。风小时桅座往后调整，桅杆向前倾斜，帆杆提高，动力
增强。

九、侧支索的调整

帆船大多数侧支索的材料由钢丝制作而成，也
有少数由碳纤维制作，因此具有很强的拉伸力。帆
船的侧支索有两根组成，它的一头固定在桅杆的上
部，另一头固定船体的两侧，形成一个等腰三角
形，如图3.81所示。侧支索的中间部由伸臂支撑，
伸臂一头固定在桅杆上，另一头支撑着侧支索。侧
支索的底部有可调节的部位，桅杆的弯曲程度主要
由侧支索的调整来完成。

张力器是测量侧支索张力大小的重要仪器，
如图3.82所示。帆船选手通过它来进行测量侧支
索的张力，以调节桅杆的受力，使帆船在航行中

侧支索

图3.81　侧支索

达到最佳的状态。当侧支索两边张力不均匀时，桅杆将因受力不同而发生扭曲，如
果左侧的侧支索张力比右边的张力大，桅杆的顶部将弯向左侧。如果右侧的侧支索
张力比左侧的张力大，桅杆的顶部将弯向右侧。如果两根侧支索用力调紧，桅杆将
向后弯曲，调松桅杆将会变直。你可以用眼睛从桅杆的底部沿着桅杆往顶部观察，
会发现桅杆的扭曲的情况。

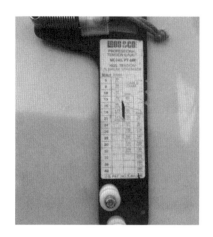

图3.82 张力器

在不同风力的情况下，为了使帆船达到最佳的航行速度，帆船选手要对侧支索进行调整。但因船型不同，侧支索粗细也不同，每条帆船上选手的体重也不同，因此调整侧支索的数据就各有不同，运动员要根据自身帆船的情况进行调整。下面以470级帆船为例，提供一些调整数据，为帆船爱好者做参考。

407级帆船侧支索张力的调整数据如下：

1. 风速9节以下，侧支索的张力调整为35。

2. 风速10~18节：侧支索的张力调整为36。

3. 风速18节以上：侧支索的张力调整为37。

十、后支索的调整

小船一般没有后支索，只有大型的龙骨帆船才有后支索，其目的是让桅杆受力平衡，使主帆获得最佳的帆形。后支索有两根组成，它的上头固定在桅杆的顶部，另一头与船舷后部的绞盘器连接，并通过绞盘器来进行调整，如图3.83所示。

图3.83 后支索

后支索调整的方法如下：

帆船在迎风和横风航行时，上风的侧支索收紧，其收紧程度与风力的大小成正比，风力增大就收紧一些，风力减弱就松弛一些。在调整后支索过程的同时要观察帆船测速仪的变化，以确定后支索的调整是否合理。

为了把帆船调整到最佳的航行状态，就必须不断地调整缭绳、前帆滑轨、主帆滑轨和斜拉器等，所有调整都是在动态中进行，因为风不停地变化，所以调整也是跟着

不停地变化。

思考题:

1. 简述航向与风向的关系。

2. 帆船迎风航行的基本操作是什么。

3. 帆船在迎风航行时舵手是如何根据气流线的变化进行舵的调整?

4. 简述帆船迎风换舷的基本操作步骤。

5. 简述帆船顺风换舷的基本操作步骤。

6. 简述小型的稳向板帆船翻船时回正的方法。

7. 帆船绕迎风标的具体操作方法是什么?

8. 帆船绕顺风标的具体操作方法什么?

9. 帆船起航成功的三大要素是什么?

10. 不同风力的情况下,如何进行主帆的调整?

11. 如何进行球帆的调整?

帆船战术及训练方法

战术是比赛场上为争取胜利而采用的方法和配合的组织形式。帆船战术的运用贯穿于帆船竞赛的整个过程，帆船运动员运用战术的目的是在复杂的海上环境和激烈的比赛中，通过个人的技术和集体的协调配合，达到扬长避短、掌握主动、制约对手、夺取胜利的目的。

战术以技术为基础，帆船运动员运用战术的过程是帆船运动员运用技术和规则的过程。帆船运动员要有过硬的技术和熟练掌握规则，并应用于比赛中。帆船战术的运用以规则为依据，不能超出规则规定范围去运用战术。帆船运动员要认真学习帆船规则，并在平时的训练中使用，在比赛中清醒果断地利用规则，从而运用战术去战胜对手，取得优异的成绩。

帆船战术包括起航战术、迎风战术、横风战术、顺风战术、标旁战术和终点战术。帆船战术贯穿帆船比赛的整个过程，帆船比赛的各个航段所运用的帆船规则也有所不同，运动员在平时的训练中要进行针对性的训练，才能在比赛中发挥出理想的战术水平。

第一节　起航战术及训练方法

起航战术是帆船在起航阶段所采取的策略。由于帆船在比赛中起航的成功与否，在很大程度上决定了帆船比赛的成绩，因此帆船起航战术的合理运用，将提高帆船起航的成功率。

一、起航计划的制订

每个参加帆船比赛的选手在比赛之前要根据气象、水文和海况等情况制订详细的起航计划，只有制订好起航计划，才有机会战胜对手。起航计划的制订是帆船比赛的重要内容之一，在起航之前，运动员根据风速、风向、流速、流向以及对手的情况等因素所采取的起航方法，并根据海上情况，计划起航的位置和路线等。

（一）起航线的观察与判断

起航线的观察与判断主要利用船上的导航设备和帆船航行等方法对起航线的标位与1标的位置，以及风向和流向等进行观察，然后判断起航有利的位置，最后进时起航计划的制订。

下面介绍几种起航线观测与判断的方法：

（1）GPS测量法。

在比赛中，当裁判员布置好标后，根据1标和起航线左右两点的坐标数据，利用帆船上的GPS导航设备计算出1标至起航线左侧标和1标至起航线右侧标之间的距离，以此来判断起航线左右两侧中有利的一侧，距离1标近的一侧起航有利，如图4.1所示。

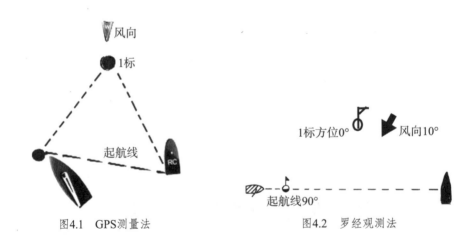

图4.1　GPS测量法　　　　　　图4.2　罗经观测法

（2）罗经观测法。

帆船比赛中，起航前10分钟，裁判员布置好各航标之后，起点裁判船会向比赛选手公布1标的方位角度。如果1标的方位角度是0°，此时驾驶帆船到起航线的左侧飘帆停船，用罗经从左侧起航标向右侧起航船上观测，角度应为90°。接着对着风向用罗经测出风向的度数为10°，说明风向往右摆动10°，从而判断出帆船在起航线右侧起航有利，如图4.2所示。

（二）风变的观察与判断

（1）近迎风行驶观测法。

以右舷风驾驶帆船近迎风从起航线出发，起航线与航向的夹角如果大以45°，说明风向往右侧摆动，判断出帆船在右侧起航有利，此时舵手感觉帆船跑高，帆船很容易冲出起航线，如图4.3所示。如果起航线与航向的夹角如果小以45°，说明风向往左侧摆动，判断出帆船在左侧起航有利，此时舵手感觉帆船跑低，帆船很难冲出起航线，如图4.4所示。

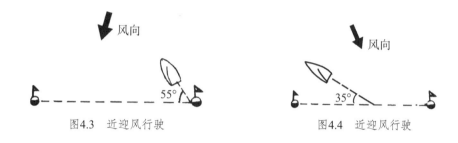

图4.3　近迎风行驶　　　　　　　　　图4.4　近迎风行驶

（2）风区观测法。

帆船运动员在起航前，通过对起航线上风区域进行观察，并判断出哪个区域的风力相对较大，风力大的区域起航有利。然而如何判断风区的呢？当风力较小时，在平静的海面上观察风区是比较容易的。有风的区域海面颜色较深，这是风吹海水形成波纹的原因。没风的区域海面较白，好像镜子一样。在风浪较大的天气，浪大的区域风较大，浪小的区域风较小。

如果起航线中间位置上风处有比较大的风区，帆船在起航线的中间起航有利，如图4.5所示。如果起航线左侧位置上风处有比较大的风区，帆船在起航线的左侧起航有利，如图4.6所示。

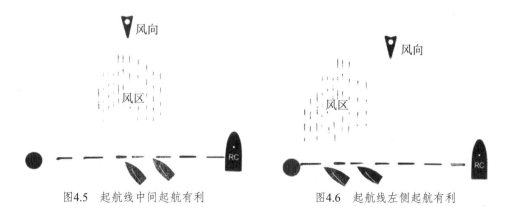

图4.5　起航线中间起航有利　　　　　图4.6　起航线左侧起航有利

（三）水流的观察与判断

帆船运动员在起航前，通过对起航线区域的水流方向进行观察，并判断出起航线有利的一侧。如果是上风流，水流从上风流向下风，并且流速较快，此时帆船起航比较容易晚航，判断出在起航线左侧起航的帆船很难冲出起航线并容易造成碰标，如图4.7所示。如果是下风流，水流从下风流向上风，并且流速较快，此时帆船起航比较容易造成抢航，在起航线右侧起航的帆船很容易碰到起航裁判员，如图4.8所示。

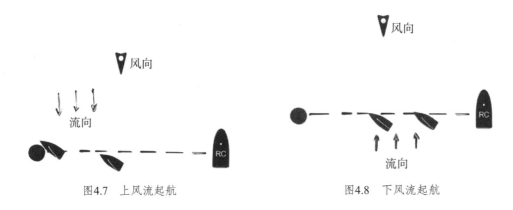

图4.7　上风流起航　　　　　　　　图4.8　下风流起航

（四）主要对手的观察与判断

知己知彼，百战不殆。帆船运动员在比赛过程中通常根据对手的比赛积分而制订针对性的起航计划，从而采取不同的战术和战备，最终获得比赛的胜利。帆船比赛过程中，积分相近的对手是你的主要对手，积分与你较大的对手并不是你的主要对手。比如当比赛过程过半后，你的积分排在第八名的位置，第七名和第九名是你的主要对手，第一名并不是你的主要对手。

所以，在起航的时候要注意观察与判断主要对手的动向，而采用行之有效的起航方法。

二、起航计划的实施

起航计划的实施是起航成功的前提，运动员制订好起航计划之后要按照计划驾驶帆船进行比赛，这样才能获得起航的成功。起航计划的实施要求运动员要有过硬本领和很强的执行能力，运动员要有坚定信念和信心，相信自己制订的起航计划是可行的、正确的。运动员不能因为一些外部因素的干扰而对起航计划产生怀疑，没有按照计划去起航，放弃了原来的起航计划，改用的新的起航计划，这种行为往往导致起航的失败。

三、起航计划的改变

上面提到运动员在比赛中参加起航时，不能随便改变起航计划，但当起航线附近区域的风向或者风区发生明显变化时，要及时做出反应。运动员尽快改变原来的起航计划，而采用新的起航计划。比如原来的起航计划是在起航线的左侧起航，但因在起航信号发出前的1分钟，运动员发现了风向已经向右摆动了20°，并且有一阵强风向起航线右侧移动。此时，运动员就应该采取行动，改变之前的起航计划，驾驶帆船尽快在起航线的右侧起航。运动员及时做出改变起航计划行动，可能会避免起航失败。

四、起航失败的处理方法

（一）抢航

抢航是指帆船运动员参加帆船起航时，没有按照起航规则的规定，驾驶帆船提前冲出起航线的方式。抢航一种犯规行为，就好像短跑比赛中的抢跑。

运动员驾驶帆船抢航由主观和客观两个因素决定。主观因素是运动员为了获得理想的比赛名次，主动地到起航线的第一排进行点位起航，由于对手较强，竞争激烈，最终造成了抢航。客观因素是运动员因自身的技术能力有限，在起航时没有很好地控制帆船，对起航线判断不准，从而使帆船冲出起航线，造成了抢航。

抢航后怎么办？

这是一个摆在每位运动员面前的问题。运动员驾驶帆船抢航后，根据比赛规则要尽快进行犯规解脱，或者进行抗议（也许你的抢航是其他帆船造成的）。

如果起航时采用P旗视觉信号旗，抢航的帆船要从起航线的上风完全跑回到起航线的下风之后，再重新起航，如图4.9所示。如果起航时采用I旗视觉信号旗，抢航的帆船要从起航线的左侧标的外侧，或者是右侧起航裁判船的外侧回到起航线的下风之后，再重新起航，如图4.10所示。如果起航时采用黑旗视觉信号旗，抢航的帆船将被取消该轮次的比赛资格。起航还可以采用Z旗或O旗等视觉信号进行起航。

图4.9 P旗信号抢航帆船返回起航　　　图4.10 I旗信号抢航帆船返回起航

运动员在比赛中，如果确定自己起航抢航了，应尽快做出反应，按照规则要求，驾驶帆船返回起航线重新进行起航。如果帆船不返回，断续往前航行，最终的结果是运动员该轮次的成绩被记录为犯规。按照帆船规则的低分记分法，该运动员的该成绩为参加比赛的船只数量再加1分，这是非常吃亏的。

当起点裁判船上升起个别招回旗（代一旗）时，说明有个别船只或者少数船只已经抢航。如果运动员不确定自己是否抢航，并且观察到自己当时的位置在船群前列，这种情况下帆船抢航的可能性是非常大的，因此运动员要尽快返回起航线，重新进行起航。

当运动员驾驶帆船参加起航时，被其他的帆船从船尾碰撞，造成了抢航。或者被其他运动员故意用手往前推动自己的帆船，使该帆船造成抢航。最好的处理办法是事发当时对犯规的帆船提出抗议，如果犯规的帆船不进行犯规解脱，比赛上岸之后，以书面形式向裁判委员会对犯规帆船提出抗议申诉，以保护自身的利益。

（二）晚航

晚航是指帆船运动员驾驶帆船参加起航时，起航信号发出之后，没有及时冲出起航线，造成帆船航行落后于其他帆船的现象。

帆船运动员在比赛中出现晚航的现象是比较正常的，但晚航会对运动员造成不利的局面比赛就很被动，会对比赛成绩造成很大的影响。晚航的帆船将被前方的帆船和上风的帆船挡住了风，同时被下风的帆船产生的气流所干扰，后方的帆船又紧跟其后，自己处在其他帆船的包围圈中，帆船没有获得清渐的气流，速度非常缓慢。在这种情况之下，运动员经常会做出一些错误的举动而造成犯规。因此，帆船运动员在参加比赛之前，应做好充分的准备，以应对比赛中可能出现的问题。

晚航这后应该怎么办呢？运动员应做到以下几点：

（1）不能慌乱，保护冷静的心态，冷静思考问题。

（2）结合迎风航线的计划，考虑断续向前航行，还是进行迎风换舷。

（3）如果迎风航线计划是起航后跑左侧航线，就应考虑跟着前方的帆船断续向前航行。

（4）如果迎风航线计划是起航后跑右侧航线，就应考虑进行迎风换舷向右侧方向航行，但在迎风换舷之前要观察好周边的帆船，避免进行迎风换舷时造成犯规。

（5）注意观察风区、风摆和其他船只所处位置的变化情况，抓住机会一步一步地往前追赶。

（三）起航犯规

起航犯规分为主动犯规和被动犯规，不管是主动犯规，还是被动犯规，对参加比赛的运动员来说是一次重大失误。造成起航犯规的主要原因起航技术，由于起航技术较差，导致运动员在激烈的竞争中出现了操作的失误。帆船在起航的时候，帆船之间如果发生了接触或者碰撞，不管谁对谁错，帆船的速度都会受到很大的影响，这是运动员不想看到的。犯规的帆船损失更大，它要进行360°转圈的犯规解脱（在同一方向进行一个迎风换舷和一

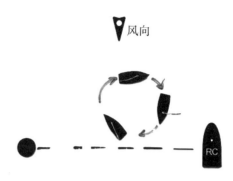

图4.11　帆船进行360度犯规解脱

个顺风换舷），如图4.11所示。帆船进行犯规解脱完成后，可继续前行，进行参加比赛。

帆船在进行360°转圈的犯规解脱的时候，要避开其他帆船，避免再次出现犯规现象。如果犯规的帆船不主动进行360°转圈的犯规解脱，裁判员将对它进行720°转圈的处罚，或者更加严重的处罚，这对参加比赛的运动员来说是非常不利的。

运动员参加帆船比赛时要尽量避免起航犯规的发生，舵手要根据帆船所处的位置，提前预判帆船可能发生接触或者碰撞，及时做出反应，采取避免接触或碰撞的操作。而不是采取冒险行动，等发生犯规之后，再进行犯规解脱，这是得不偿失的。

五、起航战术训练方法

（一）多船自由起航训练方法

多条帆船一起，采用3分钟倒计时自由起航方式，如图4.12所示。

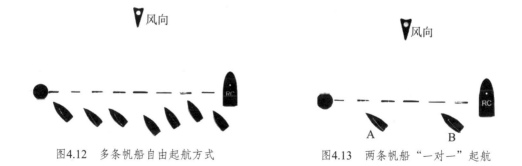

图4.12　多条帆船自由起航方式　　　　图4.13　两条帆船"一对一"起航

（二）"一对一"对抗性起航训练方法

两条帆船A船与B船，进行"一对一"对抗性起航，采用3分钟倒计时起航方式，如图4.13所示。

（三）"一对二"对抗性起航训练方法

三条帆船A船、B船和C船分成两组，A船一组，B船和C船一组，两组进行"一对二"对抗性起航，采用3分钟倒计时起航方式，如图4.14所示。

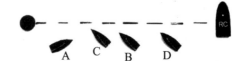

图4.14　三条帆船"一对二"起航　　　　图4.15　四条帆船"二对二"起航

（四）"二对二"对抗性起航训练方法

四条帆船A船、B船、C船和D船分成两组，A船和B船一组，C船和D船一组，两组进行"二对二"对抗性起航，采用3分钟倒计时起航方式，如图4.15所示。

（五）"二对三"对抗性起航训练方法

五条帆船A船、B船、C船、D船和E船分成两组，A船和B船一组，C船、D船和E船一组，两组进行"二对三"对抗性起航，采用3分钟倒计时起航方式，如图4.16所示。

（六）"三对三"对抗性起航训练方法

六条帆船A船、B船、C船、D船、E船和F船分成两组，A船、B船和C一组，D船、E船和F船一组，两组进行"三对三"对抗性起航，采用3分钟倒计时起航方式，如图4.17所示。

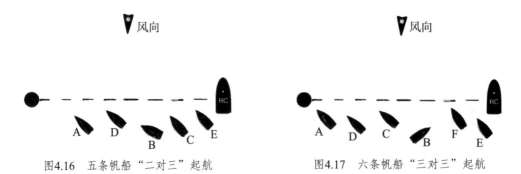

图4.16　五条帆船"二对三"起航　　　　图4.17　六条帆船"三对三"起航

第二节 迎风战术及训练方法

一、迎风航线计划

帆船比赛中，迎风航段的航线计划在起航之前已经根据比赛场地的情况制订好，而不是等到帆船起航之后才制订。运动员根据比赛场地的风况、水流和对手特点等因素，制订一条获得比赛胜利的路线。比如帆船起航后，应该选择左航线航行，中航线航行，还是右航线航行。帆船在哪个位置进行第一个迎风换舷，在哪个位置进行第二个迎风换舷等。帆船领先或落后时，应该怎么办，这些都是迎风航线计划所要考虑的内容。

二、第一个迎风航段

帆船比赛中经常采用奥林匹克四边形航线来进行比赛，如图4.18所示。这种比赛航线从起航至1标是迎风航行的阶段，也就是帆船航行的第一个迎风航段。参加比赛的帆船运动员如果在第一个迎风航段领先，一般来说他的起航是成功的，航线的选择是有利的。

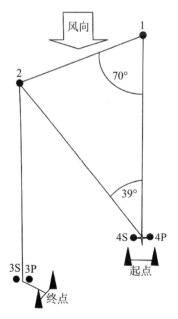

图4.18 奥林匹克四边形航线

迎风航线分为三个航线区域：左侧航线区域、中间航线区域和右侧航线区域。参加比赛的运动员驾驶帆船冲出起航线之后都向着1标的方向进行迎风航行，此时有的帆船选择左侧航线区域航行，有的帆船选择中间航线区域航行，有的帆船选择右侧航线区域航行，如图4.19所示。

帆船分布在左、中、右三个航段的原因是因为每个运动员的迎风战术不同，所以选择的航线也不一样。一般来说船只较多的一侧是有利的，因为大多数优秀运动员都能判断出有利航线的一侧，所以在比赛中经常出现有利航线的一侧船只比较多，而船只较少的航线是那些起航失误或战术失误的运动员。

（一）第一个迎风换舷

迎风航段第一个迎风换舷非常重要，因为它决定了帆船航行的方向。选择左侧航线航行的帆船，起航之后就一直以右舷风航行至迎风段较远的位置，然后才进行第一个迎风换舷。选择中间航线航行的帆船，起航之后航行一小段距离之后就进行第一个迎风换舷，然后航行一小段距离后再进行迎风换舷，迎风换舷比较频繁。选择右侧航线航行的帆船，起航之后就进行第一个迎风换舷，然后一直以左舷风航行至迎风段较远的位置，然后才进行第二个迎风换舷，如图4.20所示。有的运动员因为没有航线选择的计划，因此没有目的进行迎风换舷，结果比赛成绩很不理想。

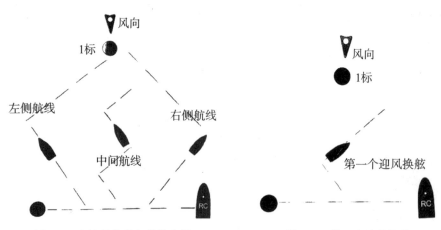

图4.19　迎风航段帆船航线选择　　　　图4.20　第一个迎风换舷

（二）第二个迎风换舷

迎风航段第二个迎风换舷虽然不如第一个迎风换舷那么重要，但它也是迎风航线计划的组成部分。第二个迎风换舷虽然在计划之内，但迎风换舷位置的选择有一定的机动性。运动员要根据风况的变化、场上对手的情况和自身所处的位置情况进行调整，防止自己陷入被动的处境。运动员在比赛中经常出现乱转向的现象，这是运动员没有制订迎风航线计划的原因。在多数情况下，帆船迎风换舷的过程是帆船减速的过程，每次迎风换舷之后，帆船都要损失1至2条船长的距离，甚至更多。

（三）迎风航行领先时

在第一个迎风航段中，如果你是领先帆船，应该采用怎么样的战术呢？领先的帆船应有大局观，在选择有利航线的同时，先考虑控制距离你最近，并且紧跟你身后的帆船，因为跟随你身后的帆船是最容易超越你的帆船。接着考虑控制其他航线的帆船，同时不能距离其他帆船太远。

值得注意的是航行在不同航线的帆船是很难控制的，只要有风摆，落后的帆船就有可能超过之前领先的帆船，如图4.21所示。之前落后的帆船，跑在阵风区后，也有可能超过之前领先的帆船，如图4.22所示。

图4.21　不同航线帆船风摆后的位置　　　　图4.22　不同航线帆船利用阵风后的位置

（四）迎风航行落后时

在第一个迎风航段中，如果你落后于其他帆船，但是这些帆船是领先的船群，这时所采取的战术是考虑跟随着领先的船群，保持有利的航线。观察领先的情况，等待他们出现失误，并寻找机会超越前面领先的帆船，而不是进行迎风换舷，驾驶帆船离开领先的船群。如果帆船的速度受到很大的影响，这时就应该考虑进行迎风换舷，向气流比较清渐的地方航行，但不能远离领先的船群，以免进入不利的的航行区。

（五）迎风航行中风区的利用

运动员驾驶进行迎风航行时，要时时刻刻向上风较远的海面观望，才能及早发现风区，并驾驶帆船驶向风区，如图4.23所示。在风力较小时，水平如镜的海面上会出现黑压压的一片，这是由于阵风把海水吹起的波纹，那就是有风的区域。当风力较大时，海面会形成很多的波浪，一般来说浪多的区域风就会大。

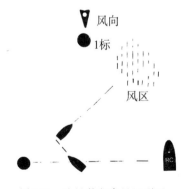

图4.23　迎风航行中风区利用

（六）迎风航行中风摆的利用

运动员驾驶进行迎风航行时，要时时刻刻观察船头方向的变化，当船头向上风偏转，说明帆船获利，此时要保持航向，如图4.24所示。当船头向下风偏转，说明帆船失利，此时要进行迎风换舷，如图4.25所示。

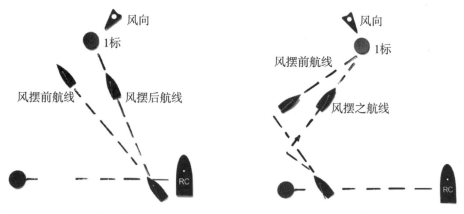

图4.24　迎风航行中风摆利用　　　　　图4.25　迎风航行中风摆利用

三、第二个迎风航段

（一）迎风航行领先时

当帆船进入第二个迎风航段时，帆船之间的距离已经拉开，大多数帆船的排名已经基本确定，只有少数帆船的排名会发生变化。这一阶段领先的帆船所采取的战术是紧紧压住身后的那条帆船，并与落后的帆船航行在相同的航向上。当后面的帆船进行迎风换舷时，前面的帆船也要进行迎风换舷，不能让后面的帆船远离可控的范围，如图4.26所示。同时也要盯紧其他落后的帆船，防止落后的帆船利用阵风或者风摆进行反超。

（二）迎风航行落后时

在第二个迎风航段中，落后的帆船所采取的战术是进行迎风换舷，与前方领先的帆船在不同的航线上航行，但这时的风险是原先落后的帆船会形成超越的现

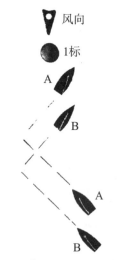

图4.26　第二个迎风航段领先帆船战术

象。因为两条进行战术对抗的帆船，会进行频繁的迎风换舷，帆船在进行迎风换舷的过程中帆船会损失速度和很多距离。因此，帆船在第二个迎风航段中的战术原则是先盯紧后面的帆船，再考虑超越前面的帆船。

四、迎风战术训练方法

（一）"一对一"迎风对抗性训练

两条帆船A和B同舷风迎风航行，A为领先帆船，B为落后帆船，B船进行多次迎风换舷想摆脱A船，A船要对B船进行压制，不让B船逃脱，如图4.27所示。

（二）"二对二"迎风对抗性训练

四条帆船分两组，A船和B船一组，C船和D船为另一组，四条帆船按照A、C、B、D的先后顺序同舷风迎风航行，A船压制C船，C船压制B船，B船压制D船，C船和D船尽力摆脱A船和B船的压制，如图4.28所示。

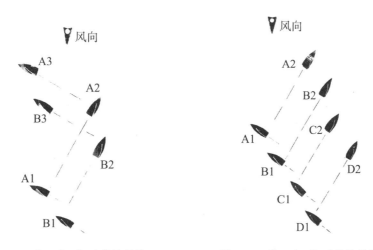

图4.27　"一对一"对抗性训练　　　图4.28　"二对二"对抗性训练

（三）"二对三"迎风对抗性训练

五条帆船分两组，A船和D船一组，B船、C船和E船为另一组，五条帆船迎风航行，A船和D船相互配合，压制B船、C船和E船，B船、C船和E船尽力摆脱A船和D船的压制，如图4.29所示。

（四）"三对三"迎风对抗性训练

六条帆船分两组，A船、C船和D船一组，B船、E船和F船另一组，六条帆船迎风航行，A船、C船和D船相互配合，压制B船、E船和F船，B船、E船和F船尽力摆脱A船、C船和D船的压制，如图4.30所示。

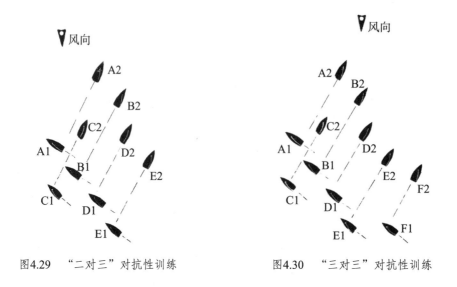

| 图4.29 "二对三"对抗性训练 | 图4.30 "三对三"对抗性训练 |

第三节　顺风战术及训练方法

一、顺风航线计划

帆船运动员根据风况、海流和对手的情况等因素，在起航之前已经制定好顺风航线所选择的路线。顺风航线计划是顺风战术的组成部分，帆船绕过迎风标之后进入了顺风航段去绕顺风标。在这个过程中，帆船会选择不同的航线，这点与迎风航线的选择有些相似，但又有所不同。帆船绕迎风标时是在遵守规则的情况下，按照先后顺序绕过标志的，因此帆船顺风航线战术所采取的战术是保持现有排名，同时看紧后面的帆船，使自己不被落后的帆船超越。

帆船在顺风航线上超越前面的船只是非常难的，主要的原因是顺风航段上的帆船，对风变的影响不是很大，并且帆船绕过迎风标志之后，落后的帆船受到混乱气流的影响很大，前面的领先的帆船在速度上占有很大的优势，因此很容易控制后面的帆船。

二、顺风航线的选择

在顺风航线中，船只通常分成三个团队航行，一部分船只选择左侧航线航行，另一部分船只选择右侧航线航行，有一部分船只选择中间航线航行。帆船在航线选择上是有计划的，如果没有按计划航行，帆船会出现一些失误，从而造成比赛成绩不理想。比赛场上的情况千变万化，有风的变化，有海流的变化，也有对手情况的变化等，因此运动员要根据场上的情况及时对航线计划进行调整，使帆船获得最大的利益。

三、顺风航行中风区的利用

帆船绕过1标进入顺风航线航行时，要根据风区的情况选择航行的方向，并驾驶帆船驶向风区，如图4.31所示。由于风区的风力比较大，帆船将获得更快的速度。

四、顺风航行中风摆的利用

帆船在顺风航行时，运动员如果发现风向摆向上风，要尽快进行顺风换舷，这将缩短帆船与下风标志之间的距离。如果此时不进行顺风换舷，帆船将远离下风标志，航行更长的路线，如图4.32所示。B船没有利用风摆，远离了下风标，而A船利用风摆，进行顺风换舷，缩短了帆船与下风标志之间的距离。

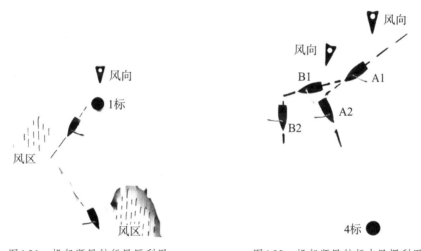

图4.31　帆船顺风航行风区利用　　　　图4.32　帆船顺风航行中风摆利用

如果发现风向摆向下风，要保持原来的航线，这将缩短帆船与下风标志之间的距离，如图4.33所示。B船为原来的航线，C船为风摆后的航线。

五、顺风战术训练方法

（一）"一对一"顺风对抗性训练

两条帆船A和B同舷风顺风航行，A船为领先帆船，B船为落后帆船，B船进行多次顺风换舷想摆脱A船，A船要对B船进行压制，不让B船逃脱，如图4.34所示。

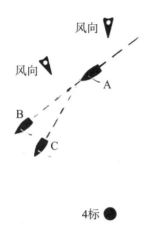

图4.33 帆船顺风航行中风摆利用

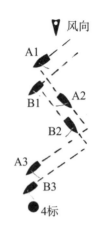

图4.34 "一对一"顺风对抗性训练

（二）"二对二"顺风对抗性训练

四条帆船分两组，A船和B船一组，C船和D船为另一组，四条帆船按照A、C、B、D的先后顺序同舷风顺风航行，A船压制C船，C船压制B船，B船压制D船，C船和D船尽力摆脱A船和B船的压制，如图4.35所示。

（三）"二对三"顺风对抗性训练

五条帆船分两组，A船和C船一组，B船、D船和E船为另一组，五条帆船顺风航行，A船和C船相互配合，压制B船、D船和E船，B船、D船和E船尽力摆脱A船和C船的压制，如图4.36所示。

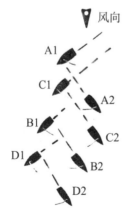

图4.35 "二对二"顺风对抗性训练

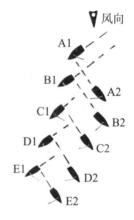

图4.36 "二对三"顺风对抗性训练

第四节　横风战术及训练方法

一、横风战术

（一）跑高

帆船在横风航段航行时选择高于两个标志之间的方位线航行，称为跑高，如图4.37所示。这种跑高的航行方法是一种横风航行战术，运动员根据风向、海流和涌浪的方向，选择了跑高的方法而获利。

当风向往下风摆动时，帆船要选择跑高的战术。帆船选择跑高的战术是为了能绕过横风标，因为当风向往下风摆动时，帆船也会跟着往下风方向摆动，而横风标是固定不动，因此帆船如果按照原来的航行方向是绕不过横风标的，因此，帆船要选择跑高的战术才能绕过横风标，如图4.38所示。

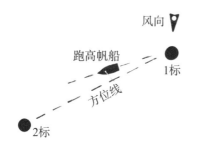

图4.37　横风航段帆船跑高

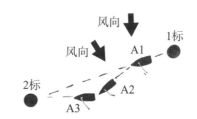

图4.38　风向摆向下风时帆船绕横风标

当海流和海浪的方向从上风压向下风时，帆船要选择跑高的战术。由于海流和海浪下压力作用的原因，帆船在前进的过程会向下风方向横移，如果不采取跑高的战术，帆船就绕不过横风标，如图4.39所示。图中A采取跑高的战术，而B船却按照原来的航线航行，因此过不了横风标志。

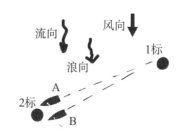

图4.39　下压海流和海浪影响时绕横风标

（二）跑低

帆船在横风航段航行时选择低于两个标志之间的方位线航行，称为跑低，如图

4.40所示。这种跑低的航行方法是一种横风航行战术，运动员根据风向、海流和海浪的方向，选择了跑低的方法而获利。

当风向往上风摆动时，帆船要选择跑低的战术。帆船选择跑低的战术也是因为当风向往上风摆动时，帆船也会跟着往上风方向偏转，而横风标是固定不动，因此，帆船如果按照原来的航行方向就远离了横风标，造成了航行多余的距离，因此帆船要采取跑低的战术，才不远离横风标，如图4.41所示。

图4.40 横风航段帆船跑低

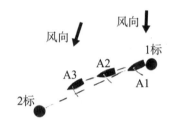

图4.41 风向往上风摆动时帆船绕横风标

当海流和海浪的方向从下风压向上风时，帆船要选择跑低的战术。由于海流和海浪推力作用的原因，帆船在前进的过程会往上风方向横移，如果不采取跑低的战术，帆船就远离了横风标，因此要采取跑低的战术，如图4.42所示。

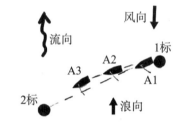

图4.42 海流和海浪的方向从下风压向上风时绕横风标

二、横风战术训练方法

（一）"一对一"横风对抗性训练

两条帆船A和B同舷风横风航行，A船为领先帆船，B船为落后帆船，B船想办法超越A船，A船要对B船进行压制，不让B船超越，如图4.43所示。

（二）"二对二"横风对抗性训练

四条帆船分两组，A船和B船一组，C船和D船为另一组，四条帆船按照A、C、B、D的先后顺序同舷风横风航行，A船压制C船，C船压制B船，B船压制D船，C船和D船尽力摆脱A船和B船的压制，如图4.44所示。

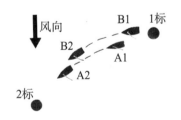

图4.43 "一对一"横风对抗性训练

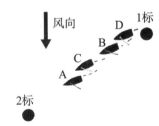

图4.44 "二对二"横风对抗性训练

（三）"二对三"横风对抗性训练

五条帆船分两组，A船和D船一组，B船、C船和E船为另一组，五条帆船横风航行，A船和D船相互配合，压制B船、C船和E船，B船、C船和E船尽力摆脱A船和B船的压制，如图4.45所示。

（四）"三对三"横风对抗性训练

六条帆船分两组，A船、C船和D船一组，B船、E船和F船另一组，六条帆船横风航行，A船、C船和D船相互配合，压制B船、E船和F船，B船、E船和F船尽力摆脱A船、C船和D船的压制，如图4.46所示。

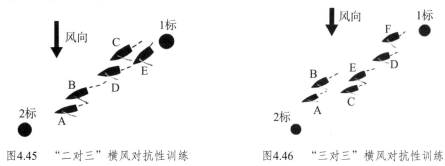

图4.45　　"二对三"横风对抗性训练　　　　图4.46　　"三对三"横风对抗性训练

第五节　绕标战术及训练方法

一、绕迎风标战术

运动员在帆船比赛中进行绕标时，经常由于出现一些犯规而产生了抗议申诉，最后造成两败俱伤。起航后第一个迎风标处是船只最密集的地方，因为起航后，所有的帆船都向着第一个迎风标志航行，由于船只较多，因此常常出现犯规的情况。运动员为了避免犯规，除了有较高的绕标技术之外，战术的合理运用也是非常重要的。

绕迎风标的战术原则：第一不能碰标；第二不能碰船。

碰标和碰船都是犯规行为，按照帆船规则的规定，犯规的帆船要接受惩罚。帆船要在发生事故的位置进行360°解脱惩罚，也就是说犯规的帆船以同一方向完成一个迎风换舷和一个顺风换舷，之后才能继续进行比赛，不然将被取消比赛资格。

在迎风航段中，运动员选择大左航线时，尽量不要到达1标方位线的位置才进行迎

风换舷。这样做有两个缺点：第一，如果风向往左侧摆动，方位将线超标1标，帆船将航行多余的距离，如图4.47所示。第二，以左舷风航行到达1标时，右舷风的帆船也会到达1标，按规则左舷风航行的帆船要避让右舷航行的帆船，如果这时右舷风航行的帆船比较多时，左舷风航行的帆船将损失很多距离，如图4.48所示。

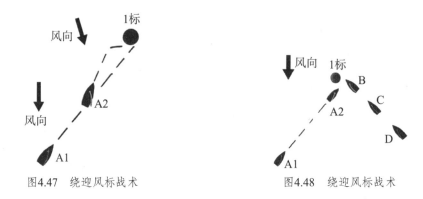

图4.47　绕迎风标战术　　　　　　　图4.48　绕迎风标战术

二、绕迎风标战术训练方法

（一）"一对一"绕迎风标战术训练

两条帆船A和B以相对舷风向1标航行，A船和B船经过多次迎风换舷之后迎风航行绕过1标，如图4.49所示。

（二）"二对二"绕迎风标战术训练

四条帆船分两组，A船和B船一组，C船和D船为另一组，两组帆船到达1标之前利用交叉掩护，然后利用规则绕过1标，如图4.50所示。

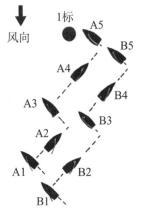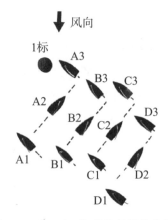

图4.49　"一对一"绕迎风标战术训练　　　图4.50　"二对二"绕迎风标战术训练

三、绕顺风标战术

顺风标通常由一个标或两个标（门标）组成，帆船绕标时首先要根据规则考虑对手之间所处的位置关系，其次要考虑水流、涌浪和风摆对帆船的影响。不同的流速、流向、浪向和风向对帆船产生不同的作用力，帆船的运动轨迹也有所不同。因此，帆船运动员绕顺风标时所采用的战术是在运用帆船规则压制对手的同时，根据流速、流向、浪向和风向对帆船的运动轨迹做出预判，提前做好绕顺风标的准备工作，如图4.51所示。

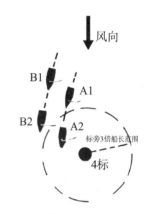

图4.51　帆船绕顺风标战术

绕顺风标的战术原则与绕迎风标的战术原则相同：第一不能碰标；第二不能碰船。碰标和碰船的犯规行为对运动员损失非常大，运动员在比赛中要尽量避免这类事情的发生。因为在抗议申诉的审理中，即使你是正确的一方，也不一定能获得抗议申诉的胜利。海上犯规事件的发生是一瞬间的事情，抗议与被抗议的双方对帆船规则的理解可能不同，因此对自己的行为理解也不同。也许双方都认为自己是正确的，在没有足够证据的情况下，任何一方都有可能输掉抗议审诉。因此，在帆船比赛中运动员应该尽可能地不与别人发生纠纷，以免掉进抗议的泥潭。

四、绕顺风标战术训练方法

（一）"一对一"绕顺风标战术训练

A和B两条帆船同时左舷顺风航行，A船在上风，B船在下风，A船利用标旁规则，当它进入标旁3倍船长范围时两船产生相联，此时B船按规则规定要避让A船，A船先绕过顺风标4标，如图4.52所示。

（二）"二对二"绕顺风标战术训练

四条帆船分两组，A船和B船一组，C船和D船为另一组，A船利用标旁规则进行战术掩护，让同伴B船先绕过顺风标，如图4.53所示。

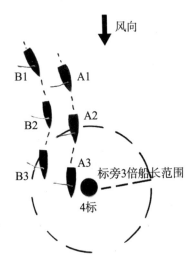

图4.52 "一对一"绕顺风标战术训练

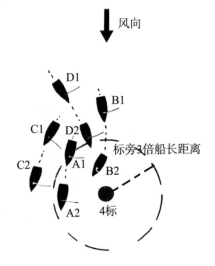

图4.53 "二对二"绕顺风标战术训练

五、绕顺风标和迎风标组合战术训练方法

在海上布置一个顺风标（4标）和一个迎风标（1标），根据风力，合理布置两个标的距离，多条帆船进行绕标练习，帆船利用标旁规则采用战术进行绕标，如图4.54所示。

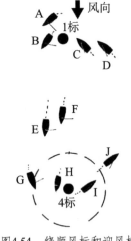

图4.54 绕顺风标和迎风标
组合战术训练

第六节 终点战术及训练方法

终点战术是指帆船在接近终点线前的一段航程中，运动员运用规则压制对手时所采用的战术。由于比赛航线的不同，帆船冲终点的方式也不一样。帆船冲终点的方式分三种：迎风冲终点、横风冲终点和顺风冲终点。由此可见，帆船的终点战术也分三种：迎风冲终点战术、横风冲终点战术和顺风冲终点战术。

一、迎风冲终点战术

迎风冲终点战术是帆船运动员驾驶帆船进行迎风冲终点时所采用的战术。帆船在迎风冲终点的过程中一定要熟练掌握迎风航行的规则，同时也要熟练掌握迎风换舷技术。迎风换舷技术在迎风战术中占有非常重要的位置，在帆船对抗的过程中，舵手在操作上稍有失误，就会造成比赛的失败。

由于迎风冲终点存在一些缺陷，特别是参加比赛的船只较多时，迎风冲终点的船只帆号不好记录，因此，帆船比赛中裁判员采用迎风冲终点的航线比较少。

二、迎风冲终点战术训练方法

（1）在海上布置两个标作为终点门标，两个终点标之间的宽度大约10 m。

（2）在终点门标的下风200 m处布置起航线。

（3）采用"一对一""二对二"或"三对三"迎风对抗起航方式进行起航。

（4）帆船以迎风航行的状态冲终点，如图4.55所示。

图4.55　帆船迎风冲终点战术训练

三、横风冲终点战术

横风冲终点战术是帆船运动员驾驶帆船进行横风冲终点时所采用的战术。横风冲终点在帆船比赛中采用比较少，但横风冲终点战术的灵活运用对每一位运动员来说都

非常的重要。横风冲终点战术与横风绕标战术基本相同，运动员根据风向、流向、浪向以及对手的情况采用的战术，最终冲过终点标。

四、横风冲终点战术训练方法

（1）在海上布置两个标作为终点门标，两个终点标之间的宽度大约10 m，成上下风关系。

（2）在终点门标的右侧100 m处布置1标。

（3）在1标的下风200 m处布置起航线。

（4）采用"二对二""三对三"或"多船只"的方式进行起航。

（5）帆船起航之后进行迎风航行，绕过1标后以横风航行的状态冲终点，如图4.56所示。

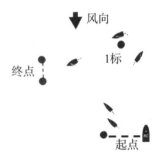

图4.56 帆船横风冲终点战术训练

五、顺风冲终点战术

顺风冲终点战术是帆船运动员驾驶帆船进行顺风冲终点时所采用的战术。比赛中，为了方便记录船只的帆号，以及让帆船运动员更好地使用球帆，因此竞赛委员会常常采用侧顺风冲终点的方式进行布标，让帆船以侧顺风的航行状态冲过终点线。

六、顺风冲终点战术训练方法

（1）在海上布置一个小型的"L"场地。

（2）起航线右侧是终点线，两个终点标之间的宽度大约10 m。

（3）帆船起航之后进行迎风航行绕过1标，然后顺风航行驶向4标。

（4）帆船绕过4标后以左舷侧顺风航行的状态冲终点，如图4.57所示。

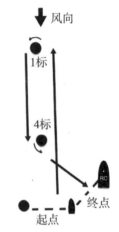

图4.57 帆船顺风冲终点战术训练

思考题：

1. 简述起航战术的运用及其训练方法。

2. 简述起航后第一个迎风换舷的重要性。

3. 如何运用顺风战术？

4. 举例说明风摆、流向、流速和浪向对横风战术的影响。

5. 终点战术有哪几种形式？

海上求生

海上求生是1996年公布的航海科学技术名词。如果你驾驶帆船在海上遇险，最好的办法是在进行自救的同时发出求救信号。

第一节　海上通信与定位设备

一、甚高频无线对讲机（VHF）

甚高频无线对讲机（VHF）是大帆船上最常见的设备，如图5.1所示。甚高频无线对讲机的呼叫距离一般在20海里内，与海事电台站最大通信距离约50海里。手持式甚高频无线对讲机在帆船甲板上使用非常方便，是帆船上必不可少的通信设备。

图5.1　甚高频无线对讲机

VHF16频道是所有海域航行船舶的国际通用安全守听频道，这是一个所有海员都必须了解的频道，通常我们听到的海船驾驶台的船舶呼叫信息就是在这个频道发布。

101

二、中频无线对讲机（MF）和高频无线对讲机（HF）

中频无线对讲机（MF）和高频无线对讲机（HF）的通信距离更远。中频无线对讲机通信距离大概150海里，而在某些环境下高频无线对讲机可达2 000海里。这两个是免费的长距离通信和遇难警报频段，因而航海人士常用，它们也可用于收发短电邮、气象及社交通信。

三、卫星电话

卫星电话使海上通信发生了革命性的变化，但费用较高。卫星电话可用于正常通话，而且能够事先设好一些紧急号码，例如海上救援指挥中心。卫星电话在海上使用时常常出现信号不稳定的现象，因此在通话时要在甲板上宽广的地方，并且要提前开机，尽早接收到卫星信号。

四、无线电应急示位标（EPIRB）

无线电应急示位标，是指在遇险或紧急情况下用以发射无线电报警信号，为搜寻救助提供识别、位置等信息的装置，如图5.2所示。无线电应急示位标往往都放在靠近扶梯口的位置、甲板储物柜或者在应急手包里。通常使用续航24或48小时的电池组，根据你的使用区域和救援力量远近做选择。全球海上遇险与安全系统使用甚高频无线电应急示位标和无线电卫星应急示位标。

图5.2　无线电应急示位标

（一）无线电应急示位标的作用

当船只遇险时，向外发出无线电报警，同时能显示本船的位置信息。

（二）无线电应急示位标的工作原理

当船只遇险后，启动该装置后，该装置可以向卫星发出无线电报警。卫星接到报警信息后，会转发给最近的地面站，然后向海上救援指挥中心（MRCC）传递遇险警报，海上救援指挥中心可以通过收到的信息，判定是哪艘船遇险，在什么位置遇险。

（三）无线电应急示位标的启动方式

（1）人工手动启动。通过拔掉安全销，把开关拨至ON的位置。

（2）自动启动。该装置遇水浸泡后，可以自动启动。即该装置随船浸没后，可以自动从基座上脱离浮起，然后自动启动发射信号。

五、雷达应答器

雷达应答器是一种在接收雷达信号后发射出特定编码信号的导航装置，主要为船舶遇险情况下使用，属于船舶无线电救生设备，如图5.3所示。

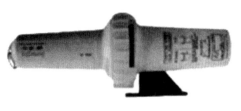

图5.3 雷达应答器

（一）雷达应答器包括六大部分

（1）微波天线。

（2）微波发射与接收组件。

（3）对数检波器及鉴频组件。

（4）频率校正及编码调制组件。

（5）计算机组件。

（6）电源变压器。

（二）雷达应答器的作用

当船舶或人员遇险时，向周围配用9GHz波段雷达的船舶和飞机发出无线电报警，同时能显示本船与其相距的位置和距离。

（三）雷达应答器的工作原理

当船舶或人员遇险时，启动该装置后，该装置进入接收状态，一旦接收到雷达波，便立即转为发射状态，发射雷达波，周围船舶或飞机的雷达屏幕上会显示12个等级连续的亮点，雷达也会发出警报，周围船上或飞机上的人员便会知道并报警，可以通过雷达显示的方位和距离确认遇险人员或船舶的位置。

（四）雷达应答器的启动方式

（1）手动启动。通过拔掉安全销并把开关拨至ON的位置。

（2）自动启动。该装置遇水浸泡后，可以自动启动。

（五）雷达应答器的作用距离

作用距离受该装置架设的高度、周围船舶雷达天线的高度和功率影响，一般不会超过90海里。

（六）雷达应答器的工作频率

9GHz。

（七）电池工作时间要求

如果只接收，至少保证该装置启动后连续工作96小时，如果只发射至少保证该装置启动后连续工作8小时，电池有效期为4年。

六、个人定位信标（PLB）

个人定位信标（PLB）是小型个人用无线电应急示位标（EPIRB），工作在406MHz，同时提供121.5MHz的寻位信号。个人定位信标如同无线电应急示位标一样，有些还内置GPS。尽管如此，多数只能工作24小时，很多还不能漂浮，除非装在氯丁橡胶囊中，或者即便能漂浮，但是方向和高度不对也无法发送信号。

第二节　海上火焰信号

一、火箭降落伞火焰信号

国际海事组织要求火箭降落伞火焰信号应：

（1）装在防水外壳内。

（2）在外壳上，印有清楚阐明火箭降落伞火焰信号用法的简明须知或图解。

（3）具有整套装在一起的点燃装置。

（4）使用时，人员握持外壳而不致感到不舒适。

当垂直发射时，火箭应达到不少于300 m的高度，在其弹道顶点处，或在接近其弹道顶点处，火箭射出降落伞火焰，该火焰应：

（1）发出明亮红光。

（2）燃烧均匀，平均光强不少于30 000 cd。

（3）具有不小于40 s的燃烧时间。

（4）具有不大于5 m/s的降落伞速度。

（5）在燃烧时不烧损降落伞或附件，如图5.4所示。

二、手持火焰信号

手持火焰信号，顾名思义就是可以手持的以火焰为信号的救生用品。它的特点是可发出连续红光火焰，持续时间不少于60 s，如图5.5所示。

图5.4　火箭降落伞火焰信号　　　　　　图5.5　手持火焰信号

三、漂浮烟雾信号

漂浮烟雾信号是装载于救生艇、救生筏内供白昼遇险情况下使用，发烟时间≥3 min，如图5.6所示。

图5.6　漂浮烟雾信号

四、焰火使用注意事项

（一）使用寿命

失效日期印在焰火上，大约每3年更换一次。更换需联系当地海事部门，按照国内规定程序回收。

（二）操作说明及使用

（1）焰火存放在容器内，保护好并保持干燥。容器内要放置手套，一来使用焰火时可以保护手，二来可以起到衬垫作用。

（2）焰火在夜间非常明亮有效，在进行安全学习时让船员熟悉这些焰火的操作。

（3）焰火举在下风处，避开船和你的衣服，因为燃烧焰火产生的灰烬会掉落。

（4）发射时，把火箭信号弹向下风微倾斜一定角度，因为发射出去后它们会随风向飞。

（5）激光焰火与信号发射装置是类似手电筒的装置，能发出激光束。通常能维持数小时但是需要操作者将光束朝向救援可能到来的方向。激光焰火不是正式核准的烟火装置，因此只能作为辅具携带，并不能取代烟火焰火。

第三节　海上遇险求救

一、海上遇险求救电话（12395）

在海上，船舶一旦发生碰撞、触礁、搁浅、漂流、失火等海难事故或遇人员落水、突发疾病需要救助，就可拨打12395向海上搜救中心报警。12395谐音为"要岸上救我"，以便于在应急情况下唤醒记忆。

12395的开通，是解决海上遇险报警渠道不畅通和提高搜救快速反应能力的一项重要措施。在全国任何一个地方，只要拨打12395电话，中国海上搜救中心值班室都可以及时接收到，同时电脑系统可通过先进的电子系统显示出报警者正在使用的电话号码，迅即进入海上搜救程序。该中心可将指令发送给海难就近所在地的海事、边防、交通等有关搜救单位，及时实施海上救援行动。

二、海上遇险求救方法

（1）海上遇险时可通过船上装备的甚高频、中频或高频数字选呼设备及国际海事通信卫星，向附近船只或岸站发出求救信号"SOS"。

（2）用手机打求救电话，中国12395。

（3）用反射镜不停照射。

（4）向海水中投放染料。

（5）发射信号弹。

（6）燃烧衣物等物品。

思考题：

1. 简述无线电应急示位标使用方法。

2. 简述雷达应答器的使用方法。

3. 简述火箭降落伞的使用方法。

4. 海上遇险求救电话号码是什么？它的谐音是什么？

5. 海上遇险求救方法是什么？

海上救生 第六章

帆船在海上航行时海上事故的发生是常有的事，为了防止船上人员的伤亡，掌握海上救生的技能是非常重要的。

第一节　帆船救生设备及使用方法

一、救生筏

救生筏是帆船配备用于紧急情况下脱离危险区域，或从遇难帆船紧急撤离的救生设施和装备。

救生筏是用人工合成材料的现代筏船，包括金属管、复合管、塑料管、合成树脂或玻璃纤维管等材料制成。

救生筏的首部设有艏缆，它是在救生筏与固定物之间起连接作用的缆绳。救生筏在载满额定乘员和全部属具后要保持正常的漂浮状态。救生筏至少分隔成2个独立气室，气室的设置应能在任一个气室受到损坏时，救生筏仍能正常使用。

救生筏总重量不应超过185 kg，外观应匀称，色泽均匀，不得有开胶、离层、气泡等影响使用的缺陷，能在−10℃~65℃环境温度下存放而不致损坏，并能在−1℃~30℃水温度范围内使用。

救生筏平时包装存放在玻璃钢存放筒内，救生筏安装在帆船的专用筏架上，如图6.1所示。

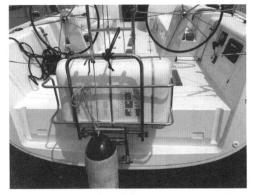

图6.1　救生筏

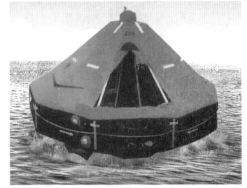

图6.2　救生筏释放

使用救生筏时直接抛入水中，即可自动充胀释放成形，供遇险人员乘坐，如图6.2所示。如果船只下沉太快，来不及将救生筏抛入水中，当船只沉到水下一定深度时，救生筏架上的静水压力释放器会自动脱钩，释放出救生筏。

帆船救生筏的使用步骤：

（1）船上人员穿好救生衣。

（2）将救生筏拉绳一端固定在帆船上。

（3）操作手动释放装置，将救生筏抛在海上。

（4）拉绳受力后，救生筏充气膨胀成形。

（5）如果救生筏出现反扣情况，需要有力量的船员下水把救生筏回正。

（6）人员登上救生筏。

（7）用刀割断与帆船连接的缆绳，迅速驶离帆船，如图6.3所示。

图6.3　救生筏的使用步骤

二、应急生存包

应急生存包应该装有下列物品：

（1）水。

水是维持生命的必需品，袋装500毫升和1 500毫升较合适。

（2）食物。

高热量的食物对人体提供充分能量，如巧克力、饼干等。

（3）钓鱼用具。

一些鱼钩配有单纤维丝渔线，用救援包里的反光纸做成诱饵。

（4）笔记本和铅笔。

保持记录，特别是医疗问题，记录症状如何随时间变化，帮助诊断。对于制定值班表和分配食物是很有用的。

（5）保温套。

它是一人大小的塑料袋类似于连体衣或者睡袋，它们通过减少身体的蒸发降温来降低热量丢失。

（6）气泵或打气筒。

所有救生筏由于气温的变化都需要额外打气增压。空气在白天受热时膨胀而遇冷后收缩。把打气筒绑在救生筏里。

（7）晕船药。

尽早服用和遵医嘱。

（8）使用说明书。

印在防水纸上的小册子，内容有详细的求生技巧和救生筏的操作方法。

（9）海绵。

有两块：一块用于吸干筏中水，另一块用于收集冷凝在顶篷中的淡水。

（10）急救包。

急救包的规格按照救生筏的标准而配置。从包罗万象复杂的商用医疗包到只是几个创可贴和膏药。包括少量的药品。如果你的身体状况正在服药期间，把当前用药也一起装好带上救生筏。

（11）桨。

用来划离船只，也可以两个一起用作加夹板、菜板和辅助维修用。

（12）太阳反光板。

发信号用的太阳反光镜。在你需要使用前，在救生筏内练习一下。CD光碟的光面也可以用作吸引注意。

（13）焰火。

焰火的数量和种类取决于救生筏的规格。注意焰火燃烧飘落物会烧穿救生筏。

（14）防水电筒。

通常提供两支电筒，但只有一套备用电池和灯泡，要节约使用。

三、应急手包

帆船应给每一个救生筏配备一个应急手包，如图6.4所示。

应急手包里面装有基本必需品：

（1）水；

（2）食物；

（3）移动电话；

（4）手持GPS；

（5）手持甚高频对讲机（VHF）；

（6）无线应急示位标（EPIRB）；

（7）水手刀；

（8）急救包；

（9）个人药品；

（10）罗盘；

（11）焰火。

图6.4 应急手包

四、救生衣

救生衣又称救生背心，是一种救护生命的服装，设计类似背心，通常是采用尼龙面料或氯丁橡胶，浮力材料或可充气的材料，反光材料等制作而成。一般使用年限为5~7年，是帆船上的救生设备之一。

一般用的救生衣都是属于海用救生衣，其内部采用EVA发泡素材，经过压缩3D立体成型，其厚度为4厘米左右，如图6.5所示。按照标准规格生产的救生衣，都有它的浮力标准：一般成年人为7.5千克/24小时，儿童则为5千克/24小时，这样才能确保胸部以上浮出水面。

图6.5 发泡素材海用救生衣

海用救生衣，适合远洋沿海及内河各类人员救生使用，救生衣浮力大于113N，救生衣在水中浸泡24小时后，救生衣浮力损失应小于5%。

使用方法：将救生衣口哨袋朝外穿在身上，拉好拉链，穿妥后检查每一处是否缚牢。

使用颜色：救生衣多用鲜艳的颜色或者带有荧光感的颜色，可以刺激视神经的，是人的眼睛很容易接受且不易被其他颜色混淆的，比较显眼。这样穿着救生衣万一出了事故，就很容易被人发现，可以尽快地实施救援。

充气救生衣是通过用力拉动充气装置上的拉绳，使拉杆转至不小于90°，刺针刺破高压储气钢瓶中的膜片，高压二氧化碳气体充入气囊，气体膨胀后产生浮力，从而达到救生的目的。充气救生衣主要由密封充气式背心气囊、微型高压气瓶和快速充气阀等组成，在有掉入水中可能性的工作中经常使用。正常情况下，整个充气式救生衣如同带状穿戴、披挂在人的肩背上，由于体积小巧，并不妨碍人们的作业自由，一旦落入水中，在水中遇到危险需要浮力的紧急时刻，可由于水的作用自动膨胀充气（全自动充气救生衣），或用手拉动充气阀上的拉索（手动充气救生衣），便会在5秒内完成充气产生8~15 kg浮力，向上托起人体，使落水者头、肩部露出水面，及时获得安全保护，如图6.6所示。

图6.6　手动充气救生衣

帆船上常用的救生衣是脖挂式救生衣，气胀前如同一件背心穿在上，落水或在水中遇险时，拉开手动阀，5秒钟迅速充气，人体被浮上水面实现救生。救生衣上有吹嘴，也可吹气。遇险时拉开手动阀，钢瓶高压气体充入救生衣，背心的前胸和后背迅速气胀形成气囊，在水中能产生10 kg浮力将人体浮于水面。

温馨提示：

（1）救生背心应尽量选择橙色、红色、黄色等较鲜艳的颜色，因为一旦穿戴者不慎落水，可以让救助者更容易发现你。

（2）在救生背心上应该有一枚救生哨子，以让落水者进行哨声呼救。

（3）为了在大海中很容易地找到落水者，救生衣的面料颜色都采用比较鲜艳的颜色之外，在救生衣两肩头处装有反射板，选购时应注意。

五、救生圈

救生圈是水上救生设备的一种，通常由软木、泡沫塑料或其他比重较小的轻型材料制成，外面包上帆布、塑料等。

救生圈外表颜色应为橙红色，且无色差，表面应无凹凸、无开裂，沿救生圈周长四个相等间距位置，应环绕贴有50 mm宽度的逆向反光带。救生圈外径应不大于800 mm，内径应不小于400 mm。救生圈外围应装有直径不小于9.5 mm、长度不小于救生圈外径四倍的可浮把手绳索。把手绳索应紧固在圈体周边四个等距位置上，并形成四个等长的索环，如图6.7所示。

图6.7　救生圈

六、甲板安全绳

甲板安全绳应绑在驾驶舱靠近方向盘、扶梯口处的坚固挂点，以及甲板羊角上，它沿着甲板前后围成一条无障碍通路，如图6.8所示。甲板安全索可以由钢丝绳、纤维绳或扁带做成。这些都要检查，且要考虑更换期限。安全绳绝不要连在安全护栏或者其他不是专门为此目的而设计的装置上。

七、船用安全吊带

船用安全吊带是用合成纤维编织而成，是一种用于连接安全绳的辅助用绳，它的功能是二重保护，确保安全，如图6.9所示。在帆船比赛中，由于运动员在甲板上活动的时间较多，特别是在夜间航行和在恶劣天气的环境下航行，运动员带上安全吊带，并把安全吊带扣在帆船甲板上的安全绳上，以防止掉进大海而出现险情及伤亡事故。

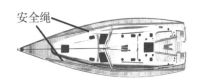

图6.8　甲板安全绳

图6.9　船用安全吊带

第二节　船员落水的施救方法

帆船上发现有人落水（MOB），应立即施救。施救的方法有很多种，这里介绍三种常用的方法。

一、"8"字施救法

如果帆船在横风航行（或者迎风航行）时，帆船上发现有人落水，应采取的施救方法如下：

（1）横风航行（或者迎风航行），并驶离落水人员，距离他大概为五到六条船的距离。

（2）盯紧落水人员，查看落水人员的位置。

（3）进行迎风换舷，紧接着进行顺风偏转，使帆船以侧顺风的路线行驶。

（4）迎风偏转，当落水人员与帆船有三条船的距离时，远迎风朝落水人员的上风面行驶。

（5）放松前帆缭绳和主帆缭绳，以减小动力，在接近落水人员之前让船速减下来。

（6）以大约一节的船速朝落水人员行驶。

（7）接近落水人员，用绳子把他拉住，用单套结的绳环套住他的身体，千万不要让船远离落水人员，因为再做一个"8"字形行驶会浪费很多时间。

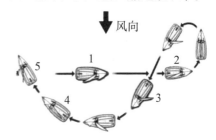

图6.10　"8"字施救法

（8）顶风飘帆，把落水人员救上船，如图6.10所示。

二、远迎风施救法

这种方法是"8"字救人法的缩略版，然而，仍旧保留其优点。这种方法的准备步骤都与"8"字救人法一样，如：向落水人抛出救生圈，指定船员盯紧落水者。具体做法如下：

（1）首先侧顺风行驶，距离落水人有三、四条船的长度，拉开足够的距离准备进行下一个操作。

（2）迎风偏转并换舷，同时船员准备救人工具（同8字法）。

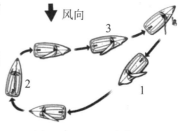

图6.11　远迎风施救法

（3）根据紧盯落水人的船员指引，舵手调整方向，远迎风慢速行驶到落水人的上风面。

（4）重复"8"字形救人法中的第4步到第7步的操作，如图6.11所示。

三、顺风换舷施救法

如果帆船在横风状态下航行时，船上发现有人落水，可采取顺风换舷施救法进行施救，方法如下：

（1）横风行驶，并驶离落水人员，距离他大概为五到六条船的距离。

（2）盯紧落水人员，查看落水人员的位置。

（3）进行顺风换舷，紧接着进行迎风偏转，使帆船以远迎风的路线行驶。

（4）当落水人员与帆船有三条船的距离时，远迎风朝落水人员的上风面行驶。

（5）放松前帆缭绳和主帆缭绳，以减小动力，在接近落水人员之前让船速减下来。

（6）以大约一节的船速朝落水人员行驶。

（7）接近落水人员，用绳子把他拉住，用单套结的绳环套住他的身体。

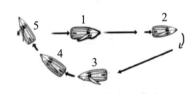

图6.12　顺风换舷施救法

（8）顶风飘帆，把落水人员救上船，如图6.12所示。

如果帆船是在顺风航行状态，并且正在进行球形帆的操作，此时必须先降下球形帆，才能进行施救，因为升着球帆是无法进行迎风换舷的。

第三节　救生船施救帆船的方法

一、救生船停靠帆船的方法

当帆船在海上发生故障而需要救生船的帮助时，帆船应进行迎风飘帆停船，救生船要缓慢前进至帆船的上风舷边，此时救生船上的人员尽快抓住故障帆船，如图6.13所示。如果风浪比较大，救生船不能空挡停船，而是要让救生船保持缓慢前进，并使救生船的船头对着浪，以减少大浪对船的冲击力。救生船横对着浪非常危险，一个大浪之后可能造成船员受伤，或是帆船受损。

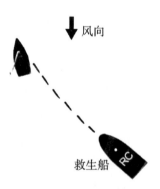

图6.13　救生船停靠帆船

二、帆船停靠救生船的方法

如果帆船要向救生船停靠，救生船应保持顶风停船，帆船进行迎风航行，并且以迎风飘帆的方法靠上救生船，如图6.14所示。如果帆船以顺风的方式停靠救生船，因顺风受力的原因，帆船无法减速，在大风大浪中顺风航行的帆船是无法停靠救生船的。

三、拖船

拖船是帆船在海上遇到无风、恶劣天气或发生故障时的一种救助手段。帆船上都配有符合要求长度与尺寸的拖带绳，以备拖船时使用。拖船时，先用一条短绳连接拖船尾部两侧的羊角，绳子中间打一个拖缆绳头，拖绳的一头捆在拖船的拖缆绳头上，这样拖绳的受力点就在中间。拖绳的另一头绑在船头最前方的羊角上，这样帆船的受力点就在最前方，容易拖带，如图6.15所示。如果把拖带绳捆在桅杆、侧支索或其他地方，帆船就很难拖带，不小心就会造成翻船事故或船只损坏。连接拖绳时最好使用单套结，方便在需要的情况下迅速被放开。

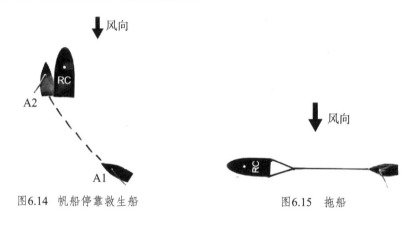

图6.14　帆船停靠救生船　　　　　　　　图6.15　拖船

第四节　晕　船

晕船是由于波浪引起船体颠簸，使人体前庭平衡器官受到异常刺激而产生的植物性神经反应的症状和体征。为了使身体平衡，感觉器官不断地收集外界的讯息，并送到内耳。犹如电脑一般，内耳会组织这些讯息，进而输送至大脑。平衡系统发现内耳所接收到的讯息与眼睛所接收到的信息有出入时，便会发生晕船。

晕船后会出现头晕、恶心，并伴有呕吐或者胃肠道不适的症状，这种情况下被称作为晕动症。如果晕船后感觉很难受，出现呕吐剧烈或恶心的症状，不能够得到缓解，这时可以口服胃复安片，配合服用维生素B_6，晕船的症状就会快速得到缓解。每个人的体质不同，出现晕船的症状轻重也不同，缓解时需要采取的方法也不同。晕汽车的人一定会晕船，而晕船的人不一定晕汽车。因为汽车在公路上跑只是左右晃动，

而船在海上跑是前后左右晃动。

克服晕船的方法如下：

（1）休息好。只有你休息好了，保持旺盛的体力和充沛的精力，才能挑战晕船。上船之后，要尽快适应船上的工作和休息时间分配。

（2）坐的位置。尽量坐在船的尾部，不要坐在船的中央和船头，以减少晃动。

（3）呼吸法。深呼吸，慢慢出气，保持呼吸的节奏，以调节心率。

（4）尽量不进船舱里。船舱里缺少氧气，并且空气很差，容易造成晕船。

（5）看远方。将视线投向远处，不要看着船的晃动，以减少晕船的症状。

（6）吃药。如果晕船症状较严重，可以适当服用抗晕船的药物，但是服药前一定要先咨询医生。

（7）调整饮食。在航行前一天，尽量不要吃海鲜，多喝水，避免过量饮酒，以减少晕船的发生。

（8）睡觉姿势正确。仰面睡觉，不要侧卧，那样你的耳朵不会贴着枕头，听到的声音能轻一些。

（9）不要总是躺在床上。如果海上有大风、大浪，帆船摇晃角度比较大的时候，要去适应。帆船在海上航行的时候，是锻炼你抗晕船能力的时候。

（10）做一些力所能及的工作。要强打精神，做一些力所能及的工作，转移晕船的注意力。

（11）按时吃饭。即使吐了，吐完之后漱漱口，继续吃，保证胃里有东西，绝对不可以空腹。

（12）凡事只有坚持才能胜利，克服晕船也一样，只有坚持多多尝试，多多适应，才能克服晕船。

第五节　中　暑

中暑是指高温或高湿无风的环境下，由于体温调节中枢功能障碍，汗腺功能衰竭和水电解质损失过多，而引起的以中枢神经或心血管功能障碍为主要表现的急性疾病。

根据我国《职业性中暑诊断标准》（GB11508-89），中暑可分为先兆中暑、轻症中暑和重症中暑。其中重症中暑又分为热痉挛、热衰竭和热射病。

中暑是生活中常见的情况，往往是由于在高温天气或潮湿不通风的环境下长时间作业，大量出汗、饮水不足等原因所导致。轻者会出现头晕、恶心、呕吐，严重者可能会引发意识不清、昏迷，甚至死亡。

中暑时现场处理的方法如下：

（1）转移患者。

首先将患者尽快转移到阴凉通风的地方，如果有条件可以使用空调降温，需注意室内外的温度差不要超过6℃，或者采用电风扇进行降温。

（2）冰袋降温。

准备一个冰袋或者一些冷的物品，用毛巾包裹好，置于患者的腋窝下或者颈部或者大腿根处辅助降温治疗。

（3）温湿毛巾擦拭。

如果条件允许，可以用温湿毛巾对患者的全身进行擦拭，使体温能够维持在一个比较低的水平。不建议在现场用酒精进行擦浴，因为低温可能会造成患者的严重不适。

（4）喝运动饮料。

给患者喝一些运动饮料，包括带有钾离子的饮料，也可以用藿香正气水来进行治疗。

（5）穴位按摩。

中暑以后通过相应的穴位按摩能够起到缓解症状的作用。首先对头部的太阳穴、风池穴、百会穴和大椎穴进行按摩，其次对手指部位的中冲穴、关冲穴、少冲穴和足背部的太中穴进行按摩，能起到很好的退热、醒目和缓解头疼等作用。

特别提示：

（1）对于大量出汗伴有中暑的患者，饮用纯净水、矿泉水可能会加重抽搐的症状。

（2）如果患者意识不清或昏迷，禁止喂水，以免造成窒息。

（3）中暑严重者肌肉会发生不自主的抽搐，发生这种情况不要在病人嘴里放任何东西，不要刻意束缚其抽搐的肢体，可用软物垫在病人身下。

（4）如果发生呕吐，将患者头偏向一侧以确保其呼吸道通畅，防止误吸。

（5）病人恢复知觉后，让病人喝盐水，再根据病人的舒适程度包裹身体。

（6）重症者需及时送到医院进行救治，不可耽误。

中暑是可以避免的，采取适当的预防措施可以把中暑的可能性降到最低。避免中暑，不要在酷热的天气下长时间进行剧烈运动，避免太阳光长时间直晒，注意穿着轻便、松身、透气的衣服，做好防护工作如穿防晒衣、擦防晒油、戴帽、戴太阳镜等，尽量到阴凉的地方休息。适时补充身体水分，不要等口渴了才喝水。

第六节　低温症

低温症是生物体温降到正常新陈代谢和生理机能所需温度以下的症状。人的正常体温是37℃，低温症是人体深部（直肠、食管、鼓室等）温度低于35℃的状态。出现低温症常见于甲状腺功能减退，过久暴露于低温环境或因营养热量不足等引起。如果体温下跌到32℃甚至以下，人的心脑温度过低，情况会变得严重，如不及时救治将会危及生命。

一、低温症的预防措施

（1）穿着保暖衣物、救生衣及安全护具。所有船员都应备有适应恶劣天气的装备，干式保暖服是很好的选择，它能包裹好身体所有部位，特别是高热量流失的部位，如头、颈、腋下、肋部和腹股沟。穿多层的衣服，保持温暖干燥，避免出汗。

（2）轮换值班，充分休息，避免疲劳。

（3）饮食规律，勿饮酒。

（4）多喝些水，防止脱水。

（5）避免晕船。

（6）关注船员的专项医疗问题。

（7）定期对船员进行落水人员救起培训。

（8）训练两名以上船员急救知识，并能识别早期症状。

二、低温症的四个阶段及体温范围

根据严重程度，低温症大致分为四个阶段。

（一）轻微症状（体温36℃~34℃）

（1）身体颤抖，手脚冰凉，四肢麻痹不灵活，无法完成复杂动作。

（2）呼吸快而浅，皮肤上出现"鸡皮疙瘩"。

（3）冷得发疼。

（4）感觉疲劳和腹部疼痛。

（5）仍然有意识，能够自理。

（二）中等症状（体温34℃~32℃）

（1）同上。

（2）身体颤抖更猛烈，肌肉不协调更明显。

（3）肌肉开始停止工作，可能会有视力困难。

（4）行动更迟缓、困难，伴有步伐跌跌撞撞、方向混乱。

（5）意识模糊，失去时间感和推理能力。

（三）严重症状（体温32℃~28℃）

（1）颤抖减弱或停止。

（2）不断失去推理和记忆能力，意识模糊，行为失常。

（3）通常手已经不能使用，行走经常跌倒。

（4）肌肉变得僵硬，协调能力几乎完全丧失。

（5）语言有困难，思维迟钝。

（6）脉搏和呼吸显著减慢。

（7）患者从半无意识至昏迷全无意识。

（四）危险症状（体温28℃之下）

（1）无意识，可能看上去死了。

（2）几乎没有或无明显呼吸。

（3）心跳缓慢微弱，或察觉不出心跳。

（4）皮肤冰冷、变蓝灰色，涨大。

（5）身体非常僵硬。

三、低温症的急救方法

（一）轻微症状

（1）首要措施是要避免热量继续流失并让身体自行回暖。

（2）供给温的甜饮料，注意是无酒精、无咖啡因饮料。

（3）用柔和的热源来稳定体温。

（4）用柔和的热源来稳定低温患者的温度，再加热到开始排汗。

（5）使患者保持温暖并平卧数小时。

（二）中等症状

（1）同上。

（2）如果患者完全有意识并能无困难地吞咽时，让他小口喝热饮（无酒精、无咖啡因）。

（3）让医生检查患者。

（三）严重症状

（1）通过无线电尽快寻求医疗建议。

（2）协助患者，但避免刺激他们，粗野搬动会导致心脏骤停或心室纤颤。

（3）不要喂食或喝水。

（4）观察呕吐并随时清理气道。

（5）不要理会"让我自己待着，我没事"之类的请求，患者病情严重，保持连续的观察。

（6）让患者躺在一个铺位上，身体呈"V"形，然后抬高双脚保持不动。

（7）以物理方法柔和地加热患者的头、颈、胸和腹股沟，不让体温继续下降，且要避免体温快速上升。

（四）危险症状

（1）低温症患者心跳很难察觉，呼吸可能已停止，可能看上去死了，但不要放弃。

（2）极为小心地搬动低温症患者。

（3）将头后仰来打开呼吸道，观察，倾听并感觉呼吸与心跳1～2分钟。

（4）如果有任何呼吸或心跳，不管多微弱或缓慢，不要做心肺复苏术，相反，应保持密切观察生命特征的变化。

（5）用现有的热源来稳定体温，如通过其他船员裸露的胸膛暖和他的背部。

（6）若1~2分钟无呼吸或心跳，立即开始做心肺复苏，不要放弃直到患者彻底暖和过来，不管活或死。

（7）要求医疗救助，送低温症患者入院治疗。

第七节 溺 水

溺水是指被水淹没导致原发性呼吸系统损伤，引起人体缺氧窒息的急症。溺水者通常面色青紫肿胀，双眼充血，口鼻内充满泡沫、泥沙等杂物，肢体冰冷，脉细弱，甚至抽搐或呼吸心跳停止。海水溺水的，口渴感明显，最初几小时可有寒战、高热，伴以轻度缺氧现象，严重的一分钟内即出现低氧血症。

溺水者的施救步骤如下：

（1）清理呼吸道。保持溺水者呼吸道的通畅，迅速清除其口腔、鼻咽部的异物如泡沫、杂草、淤泥之类，松开其衣领、内衣、腰带等，注意保暖，必要时用手巾、纱布包裹拉出溺水者的舌头，以保持呼吸道的畅顺。

（2）给溺水者倒水。施救者一腿跪地，一腿屈膝，把溺水者的腹部横放在自己的大腿上，使其头部下垂，接着按压其背部，使其胃部积水由气管口腔中排出。施救者从后边抱起溺水者的腰部，使其背朝上、头向下，也能使水倒出来。注意要让溺水者的头部转向侧面，以方便水从其口鼻中流出。

（3）倒水后让溺水者仰卧，如果溺水者呼吸心跳停止、口唇青紫、瞳孔扩大、神志不清，立即开始进行心肺复。

（4）当溺水者呼吸稳定之后，让其保持标准半俯卧姿势，脱掉其身上浸湿的衣物并采取保暖措施。

（5）如果溺水者在水中已经停止呼吸，则不要浪费时间拖其上岸，直接在水中实施人工呼吸。

不要轻易认为溺水者已经死亡，溺水者在冷水中对缺氧的耐受性要比平时长得多，所以援助要持续不懈，须坚持数小时甚至更长时间，直到好转或专业医疗的判定死亡。

第一节　磁罗经

磁罗经又称"磁罗盘",它是利用磁针受地磁作用稳定指北的特性制成的指示地理方向的仪器。用于确定航向和观测物标方位,它是在中国古代的司南、指南针基础上逐步发展而成。磁罗经多由铜、玻璃钢、塑料等材料组成。

磁罗经主要由若干平行排列的磁针、刻度盘和磁差校正装置组成,磁针固装在刻度盘背面,地磁的磁力作用使磁针的两端指向地磁的南北极,从而达到指向的目的,常在船舶和飞机上作导航用。

在我国古代,由于航运事业的发展,逐渐采用磁罗盘导航,并有了"针路"的记载,表示船行应取的方向。早期飞机上也装有磁罗盘,但是由于飞机上钢铁构件和电气设备所形成的磁场干扰影响很大,必须采用补偿的方法以抵消飞机本身的磁场干扰。

一、磁罗经的分类

磁罗经有多种类型,从使用场所来分,磁罗经有航空磁罗盘和船用磁罗经两种。从磁罗经结构来分,又可分为干罗经和液体罗经两种,如图7.1所示。

二、磁罗经的作用

（1）指示地理方向。

（2）观测物标方位。

（3）航海和航空导航。

图7.1　液体罗经

三、帆船磁罗经使用注意事项

（1）经常保持清洁。磁罗经盆轴、常平环、减震系统等活动摩擦部分应经常加油保持润滑。

（2）防止受高温退磁。标准磁罗经应避免太阳曝晒，不用时除盖上罗经罩外，还应加盖帆布罩。

（3）防止震动退磁。不许敲击磁罗经，驾驶室内及附近也不能敲击和敲锈，避免磁罗经受振动。

（4）保持磁罗经指向准确。罗经校正后，不许移动磁棒、软铁片及佛氏铁等校正器，磁罗经柜门应锁紧。不许带铁器进驾驶室，以免影响磁罗经的准确性。

（5）防自差变化。帆船受震动和搁浅、碰撞或装卸铁磁货物后，应重新观测剩余自差。

（6）定期检查磁罗经的灵敏度、半周期、是否有气泡、地脚螺栓是否松动等，冬季还应防冻，保持磁罗经技术状态良好。

（7）新装的磁罗经必须在消除自差后才能使用。在自差有较大变化和自差绝对值大于5°时应重新消除自差，消除自差后不得移动自差消除器的位置。

（8）不要在磁罗经附近随便堆放铁器，操作人员不得随身携带钢铁制品，以免影响磁罗经指向准确性。

（9）平时帆船在航行转向时，应注意观察磁罗经的工作情况。如果发现船首已转动，如磁罗经指示的航向在经过较长时间后才开始变化，则说明磁罗经发生故障，应认真检查，给予排除。

第二节　全球定位系统（GPS)

全球定位系统简称GPS（Global Positioning System），是一个由覆盖全球的24颗卫星组成的卫星系统。这个系统可以保证在任意时刻，地球上任意一点都可以同时观测到4颗卫星，以保证卫星可以采集到该观测点的经纬度和高度，以便实现导航、定位、授时等功能，如图7.2所示。 全球定位系统（GPS）是20世纪70年代，由美国海陆空三

军联合研制的新一代空间卫星导航定位系统。其主要目的是为海、陆、空三大领域提供实时、全天候和全球性的导航服务，并用于情报收集、核爆炸监测和应急通信等一些军事目的，是美国全球战略的重要组成。

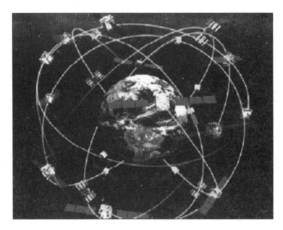

图7.2　全球定位系统卫星

一、GPS的组成

GPS由空间部分、地面控制部分和用户设备部分等三部分组成。

（一）空间部分

GPS的空间部分是由24 颗卫星组成，它位于距地表20 200 km的上空，均匀分布在6个轨道面上，每个轨道面有4 颗卫星，轨道倾角为55°。此外，还有4 颗有源备份卫星在轨运行。卫星的分布使得在全球任何地方、任何时间都可观测到4 颗以上的卫星，并能保持良好定位解算精度的几何图像，这就提供了在时间上连续的全球导航能力。GPS 卫星产生两组电码，一组称为C/A码（ Coarse/ Acquisition Code11023MHz）；另一组称为P （Procise Code 10123MHz），P码因频率较高，不易受干扰，定位精度高，因此受美国军方管制，并设有密码，一般民间无法解读，主要为美国军方服务。C/ A码被人为采取措施而刻意降低精度后，开放给民间使用。

（二）地面控制部分

地面控制部分由一个主控站，5个全球监测站和3个地面控制站组成。监测站均配装有精密的铯钟和能够连续测量到所有可见卫星的接收机。监测站将取得的卫星观测数据，包括电离层和气象数据，经过初步处理后，传送到主控站。主控站从各监测站收集跟踪数据，计算出卫星的轨道和时钟参数，然后将结果送到3个地面控制站。地面控制站在每颗卫星运行至上空时，把这些导航数据及主控站指令注入卫星。这种注入对每颗GPS 卫星每天一次，并在卫星离开注入站作用范围之前进行最后的注入。如果某地面站发生故障，那么在卫星中预存的导航信息还可用一段时间，但导航精度会逐渐降低。

（三）用户设备部分

用户设备部分即GPS 信号接收机，其主要功能是能够捕获到按一定卫星截止角所选择的待测卫星，并跟踪这些卫星的运行。当接收机捕获到跟踪的卫星信号后，即可测量出接收天线至卫星的伪距离和距离的变化率，解调出卫星轨道参数等数据。根据这些数据，接收机中的微处理计算机就可按定位解算方法进行定位计算，计算出用户所在地理位置的经纬度、高度、速度、时间等信息。

接收机硬件和机内软件以及GPS 数据的后处理软件包构成完整的GPS 用户设备。GPS 接收机的结构分为天线单元和接收单元两部分，接收机一般采用机内和机外两种直流电源。设置机内电源的目的在于更换外电源时不中断连续观测，在用机外电源时机内电池自动充电，关机后，机内电池为存储器供电，以防止数据丢失。目前各种类型的接收机体积越来越小，重量越来越轻，便于野外观测使用。

二、GPS的基本工作原理

GPS的基本工作原理是测量出已知位置的卫星到用户接收机之间的距离，然后综合多颗卫星的数据就可知道接收机的具体位置，如图7.3所示。

图7.3　GPS的基本工作原理

三、GPS的特点

（1）全天候；

（2）全球覆盖；

（3）三维定速、定时，高精度；

（4）快速省时，高效率；

（5）应用广泛，多功能。

四、GPS的分类

GPS卫星接收机种类很多，根据型号分为测地型、全站型、定时型、手持型、集成型；根据用途分为车载式、船载式、机载式、星载式、弹载式。

40余年的实践证明，GPS系统是一个高精度、全天候和全球性的无线电导航、定位和定时的多功能系统。GPS技术已经发展成为多领域、多模式、多用途、多机型的国际性高新技术产业。

五、船舶GPS的主要用途

（1）航线制定；

（2）实时导航；

（3）海上救援；

（4）海洋探宝；

（5）水文地质测量；

（6）海平面升降监测。

第三节　船舶自动识别系统（AIS）

船舶自动识别系统（Automatic Identification System，简称AIS系统），由岸基（基站）设施和船载设备共同组成，是一种新型的集网络技术、现代通信技术、计算机技术、电子信息显示技术为一体的数字助航系统和设备，如图7.4所示。

图7.4　AIS系统

船舶自动识别系统是一种应用于船和岸、船和船之间的海事安全与通信的新型助航系统。常由VHF通信机、GPS定位仪和与船载显示器及传感器等相连接的通信控制器组成，能自动交换船位、航速、航向、船名、呼号等重要信息。装在船上的AIS在向外发送这些信息的同时，同样接收VHF覆盖范围内其他船舶的信息，从而实现了自动应答。此外，作为一种开放式数据传输系统，它可与雷达、避碰雷达（ARPA）、电子海图显示与信息系统（ECDIS）、船舶港口交通管理系统（VTS）等终端设备和网络实现连接，构成海上交管和监视网络，是不用雷达探测也能获得交通信息的有效手段，可以有减少船舶碰撞事故。

船舶自动识别系统诞生于20世纪90年代，由舰船、飞机之敌我识别器发展而成。AIS系统配合全球定位系统（GPS）将船位、船速、改变航向率及航向等船舶动态结合船名、呼号、吃水及危险货物等船舶静态资料由甚高频（VHF）向附近水域船舶及岸台广播，使邻近船舶及岸台能及时掌握附近海面所有船舶之动静态资讯，得以立刻互相通话协调，采取必要避让行动，有效保障船舶航行安全。

根据国际海事组织对国际航行船舶必须限期安装AIS系统的要求，交通部海事局于2003年提出构建全国AIS骨干网、实现海区重点水域及能源大港AIS信号覆盖的建设目标。

一、AIS的功能

AIS的正确使用有助于加强海上生命安全、提高航行的安全性和效率，以及对海洋环境的保护。

AIS的功能有以下几点：

（1）识别船舶。

（2）协助追踪目标。

（3）简化和促进信息交流。

（4）提供其他辅助信息以避免碰撞发生。

二、AIS的频率

（1）锚泊船：3分钟/次。

（2）0~14节航速的航船：12秒/次。

（3）航速为0~14节并且在改变航向的航船：4秒/次。

（4）14~23节航速的航船：6秒/次。

（5）航速为14~23节并且在改变航向的航船：2秒/次。

（6）超过23节航速的航船：3秒/次。

（7）航速超过23节并且在改变航向的航船：2秒/次。

（8）船舶静态信息及与航程有关的信息，每6分钟更新一次或按要求更新。

三、AIS的应用

船舶自动识别系统受外界自然因素干扰少，它在船舶导航、避碰、船舶通信、船岸通信、海上搜救、海事调查等方面发挥独特而重要的作用。 航行于开阔水域的船舶不用VHF无线电话的通话便可自动获得来往船舶的各类信息。航行于限制水域的船舶不仅可自动获得其他船舶的信息，而且通过船舶港口交通管理系统（VTS）的广播获得各类航行信息和港口信息。 这样可在最大程度上人为防止船舶碰撞和各类海难事故的发生，为航运界带来了前所未有的安全感。现代国际航运为了降低营运成本，正朝船舶大型化、高速化和全自动化的方向发展，为保证船舶航行安全和保护海洋生态环境需要船舶自动识别系统。

四、AIS提供的数据

（1）船舶静态数据，包含船名、呼号、MMSI（水上移动通信业务标识码）、IMO（互联网即时通信办公室）、船舶类型、船长、船宽等。

（2）船舶动态数据，包含经度、纬度、船首向、航迹向、航速等。

（3）船舶航程数据，包含船舶状态，吃水，目的地等。

五、AIS的服务

（一）为船舶提供的服务

（1）水域交通动态和交通指引。

（2）航行警告、航行通告和交通管制信息。

（3）影响船舶航行的因素，气象、水文、航标等信息。

（4）应答船台对岸台的求助。

（二）为海事部门提供的服务

（1）船舶动态、静态信息。

（2）相对于航道的位置。

（3）周围船舶的位置和意图。

（4）发布航行警告、航行通告、交通管制信息。

（三）社会信息服务

AIS通过C/S和B/S模式，为船舶、船公司、航运部门、政府、港口、生态、救援、海洋和大气、研究和统计、公共访问、VTS、反恐等提供服务。船讯网利用AIS系统特性，建立B/S模式船舶信息服务系统，提供直观的船位和船舶信息服务，为海事管理、人命搜救和港口调度、码头管理、航运经济等相关产业提供重大帮助。

第四节　中国北斗卫星导航系统（BDS)

中国北斗卫星导航系统（BeiDou Navigation Satellite System，BDS）是中国自行研制的全球卫星导航系统。是继美国全球定位系统（GPS）、俄罗斯格洛纳斯卫星导航系统（GLONASS）之后第三个成熟的卫星导航系统。中国北斗卫星导航系统（BDS）和美国GPS、俄罗斯GLONASS、欧盟GALILEO，是联合国卫星导航委员会已认定的供应商。

中国北斗卫星导航系统可在全球范围内全天候、全天时为各类用户提供高精度、高可靠定位、导航、授时服务，并具有短报文通信能力，已经初步具备区域导航、定位和授时能力，定位精度10米，测速精度0.2米/秒，授时精度10纳秒，如图7.5所示。

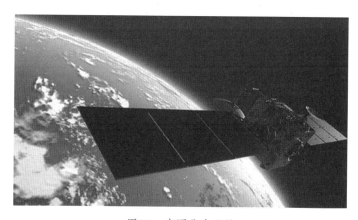

图7.5　中国北斗卫星

北斗卫星导航系统是中国正在实施的自主发展、独立运行的全球卫星导航系统。系统建设目标是建成独立自主、开放兼容、技术先进、稳定可靠的覆盖全球的北斗卫星导航系统，促进卫星导航产业链形成，形成完善的国家卫星导航应用产业支撑、推广和保障体系，推动卫星导航在国民经济社会各行业的广泛应用。

北斗卫星导航系统由空间段、地面段和用户段三部分组成，空间段包括5颗静止

轨道卫星和30颗非静止轨道卫星，地面段包括主控站、注入站和监测站等若干个地面站，用户段包括北斗用户终端以及与其他卫星导航系统兼容的终端。

第五节 雷 达

雷达是利用电磁波探测目标的电子设备，如图7.6所示。雷达是英文Radar的音译，源于radio detection and ranging的缩写，意思为"无线电探测和测距"，即用无线电的方法发现目标并测定它们的空间位置。因此，雷达也被称为"无线电定位"。雷达发射电磁波对目标进行照射并接收其回波，由此获得目标至电磁波发射点的距离、距离变化率、方位、高度等信息。

图7.6 雷达

一、雷达的结构

雷达的结构不尽相同，但基本形式是一致的，包括发射机、发射天线、接收机、接收天线，处理部分以及显示器，还有电源设备、数据录取设备、抗干扰设备等辅助设备。

二、雷达的工作原理

雷达所起的作用与眼睛和耳朵相似，它的信息载体是无线电波。事实上，不论是可见光或是无线电波，在本质上是同一种东西，都是电磁波，在真空中传播的速度都是光速，差别在于它们各自的频率和波长不同。雷达原理是雷达设备的发射机通过天线把电磁波能量射向空间某一方向，处在此方向上的物体反射碰到的电磁波；雷达天线接收此反射波，送至接收设备进行处理，提取有关该物体的某些信息（目标物体至雷达的距离，距离变化率或径向速度、方位、高度等）。

测量距离原理是测量发射脉冲与回波脉冲之间的时间差，因电磁波以光速传播，据此就能换算成雷达与目标的精确距离。

测量目标方位原理是利用天线的尖锐方位波束，通过测量仰角波束，从而根据仰角和距离就能计算出目标高度。

测量速度原理是雷达根据自身和目标之间有相对运动产生的频率多普勒效应。雷达接收到的目标回波频率与雷达发射频率不同，两者的差值称为多普勒频率。从多普勒频率中可提取的主要信息之一是雷达与目标之间的距离变化率。当目标与干扰杂波同时存在于雷达的同一空间分辨单元内时，雷达利用它们之间多普勒频率的不同能从干扰杂波中检测和跟踪目标。

三、应用

雷达的优点是白天黑夜均能探测远距离的目标，且不受雾、云和雨的阻挡，具有全天候、全天时的特点，并有一定的穿透能力。因此，它不仅成为军事上必不可少的电子装备，而且广泛应用于社会经济发展（如气象预报、资源探测、环境监测等）和科学研究（天体研究、大气物理、电离层结构研究等）。星载和机载合成孔径雷达已经成为当今遥感中十分重要的传感器。以地面为目标的雷达可以探测地面的精确形状。其空间分辨力可达几米到几十米，且与距离无关。雷达在洪水监测、海冰监测、土壤湿度调查、森林资源清查、地质调查等方面也显示出了很好的应用潜力。

第六节　船用测深仪

船用测深仪是一种水深测量仪器，是帆船的安全设备装置，用于大海及河流、水库、航道、港口码头等诸多水域。帆船上都安装测深仪，它的作用是让驾驶员随时了

解水的深度，防止帆船在航行的过程中出现搁浅、
触礁等意外事故，而造成帆船的损坏及人员的伤
亡，如图7.7所示。

思考题：

1. 帆船磁罗经的使用注意事项是什么？

2. GPS的基本工作原理是什么？

3. 帆船GPS的主要用途是什么？

4. 船舶自动识别系统的功能是什么？

5. 中国北斗卫星导航系统主要在哪些产业利用？

6. 如何使用船用雷达？

7. 船用测深仪的作用是什么？

图7.7　船用测深仪

海图是地图的一种，是以表示海洋区域地形的一种地图。目前，海图分纸质海图和电子海图两大类，纸质海图以墨卡托海图为主，而电子海图已广泛用于帆船及其他的船舶上，它们为航海提供必不可少的参考数据。

第一节　海图与普通地图的区别

一、共同点

既然海图是地图的一种，海图和普通地图必然有许多共同之点。首先，两者制图的基本方法是一致的，将极不规则的地球表面上的制图现象表示到平面上，都要有特定的数学基础，都要设计特殊的符号系统，都要对制图现象进行综合和概括。其次，制图的程序也是一样的，都要进行外业的测量和调查，然后进行内业整理、制图作业，再编制成图。另外，图形的载体也基本一样，或印在纸上，或以数字形式储存在计算机中，或显示在屏幕上。

二、不同点

既然海图是地图的一种，海图与普通地图又会有许多不同之处。首先，获取海图资料的方法不同于陆地地形图（简称陆图）。差别最大的是海图表示的内容和表示方法明显不同于陆图。以海底地形图和陆图相比，陆图以水系、居民地、交通网、地貌、土壤植被和境界线六大要素为其主要内容。而海底地形图主要内容为海岸、海滩和海底地貌，海底基岩和沉积物，水中动植物，水文要素，灯标、水中管线、钻井或采油平台等地物，以及航道、界线等。

第二节　海图的作用

航海海图主要用于舰船航海定位，多选用墨卡托投影（即等角正圆柱投影），分幅主要沿海岸或航线划分，但邻幅间有供航行换图时所必需的重叠部分，为保持航海图的现势性，还需根据海区变化及时进行改正。航海图分为海区总图、航行图、港湾图。海区总图包含一个完整的海区，概略表示海岸、海底地貌、主要助航设备及航行障碍物等要素，比例尺一般小于1∶300万，主要供研究海区形势，制订航行计划用。航行图包含广大海域和一定的航道，主要显示沿岸地形、海底地貌、助航设备及航行障碍物，比例尺一般为1∶10万~1∶300万，主要供船舶航行用。港湾图主要显示港湾、锚地，图上详细表示沿岸地形、港湾设施、海底地貌、助航设备、航行障碍物等要素。比例尺通常大于1∶10万，供舰船进出港口、锚地，驻泊避风，在港湾布扫水雷、障碍、组织合成军队登陆、抗登陆作战、训练，研究和实施港湾建设等使用。

第三节　墨卡托海图

一、墨托卡海图的概念及特点

1569年，荷兰制图学者格拉德·克列密尔（墨卡托是他的拉丁名字）创造了能同时满足航用海图两个条件的投影方法——等角正圆柱投影，即墨卡托投影。用这种投影方法绘制的海图叫作墨卡托海图，它占目前航用海图的95%以上。

墨卡托投影又称为正形投影，它是一种投影图上无限小的局部图像与地面上对应的地形保持相似的投影方法。

墨卡托海图具有以下特点：

（1）图上经线为南北向相互平行的直线，其上有量取纬度或距离用的纬度图尺。纬线为东西向相互平行的直线。其上有量取经度的经度图尺，且经线与纬线相互垂直。

（2）图上经度1′的长度相等，但纬度1′的长度随纬度升高而逐渐变长，存在纬度渐长现象。

（3）恒向线在图上为直线。

（4）具有等角特性，在图上量取的物标方位角与地面对应角相等。

（5）图上同一条纬线上各点的局部比例相等，不同纬度的局部比例尺，随纬度的升高而增大。

二、海图比例尺

航行图上线段长度与对应的实际地形长度相比，称为该图的比例尺，航行图上常用的比例尺有两种。

（一）数字比例尺

用分数或数字比例形式表示的比例尺叫数字比例尺。为了计算方便，一般比例尺用分子为1，分母为整数的形式表示，分母表示实际地形长度在图上的缩小倍数。航行图中常用的比例尺有1/25 000、1/40 000、

图8.1　海图数字比例尺

1/150 000等，也可以写成1∶25 000、1∶400 000、1∶50 000的形式，分母越大，则比例尺越小；反之，分母越小，则比例尺越大，如图8.1所示。

（二）直线比例尺

应用数字比例尺需要经常换算，在实际使用时不方便，为了直接而方便地进行图上与实地相应水平距离的换算，可采用直线比例尺，如图8.2所示。它是在图上用一定线段的长度来表示地面的实际长度，可以在图上直接量取距离，使用方便，故一般航行图上均采用它。

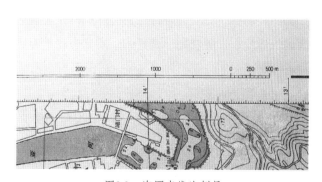

图8.2　海图直线比例尺

在渐长纬度图上，纬度1′的长度表示地理上的1海里，所以图上两边纬度分划也

是种比例尺，可直接在航行区域附近的纬度分划上量取实际距离。海图比例尺还决定图上资料的详细程度，因此，在进行海图作业时，应根据航区的特点，尽可能地使用较大比例尺的海图，以便能够获得较详细的航海资料和提高海图作业的精度。

（三）海图识图

在航用海图上除绘有经、纬线外，还须将重要的航行物标和主要地貌、地物以及海区内航行障碍物、助航设备、港口设施和潮流海流要素等航海资料按其各自的地理坐标，用一定的符号和缩写将它们绘画到图网上去，再经过制版和印刷而成为海图。这种绘制海图的符号和缩写，叫作海图图式。我国出版的海图是根据国家技术监督局1998年发布的《中国海图图式》（GB12319—1998）绘制的，为了正确和熟练地利用海图上的航海资料，必须了解和熟悉各种海图图式的含义以及图上的各种图注和说明，这样才能最大限度地发挥海图的作用。

1. 海图标题栏与图廓注记

（1）海图标题栏。

海图标题栏一般刊印在海图上的内陆处或一般船舶航行不到的海面上，特殊情况也可能印在图廓外适当的地方，是该图的说明栏，如图8.3所示。一般制图和用图的重要说明均印在此栏内。标题的内容主要有出版单位的徽志，该图所属的地区、国家、海区和图名；绘图资料来源、投影性质、比例尺及其基准纬度、深度和高程的单位与起算面有关图式的说明、地磁资料、国界和地理坐标的可信赖程度等。另外，标题栏内还可能有图区范围内的重要注意事项或警告，

图8.3　海图标题栏

如禁区、雷区、禁止抛锚区或有关航标的重要说明等。有时在海图标题栏附近还附有图区内的潮信表、潮流表、对景图、换算表和重要物标的地理坐标等。在使用航用海图时应首先阅读海图标题栏内的有关重要说明，特别是其中用洋红色印刷的重要图注。

（2）图廓注记。

在海图图廓四周注记有许多与出版和使用海图有关的资料。如：

① 海图图号。

印在海图图廓的四个角上，不论该图怎样放置，均可保持从该图的右下角读出，我国海图图号是按海图所属地区编号的。如图8.4所示。

图8.4　海图图号

② 发行和出版情况。

印在图廓外下边中间，给出新图的出版和发行单位、日期，其右边还印有该图新版或改版日期，如图8.5所示。

图8.5 海图发行和出版情况

③ 小改正。

印在图廓外左下角，用以登记自该图出版（新版或改版）以来改正过的所有小改正通告年份和通告号码，以备查考刻图是否已及时改正至最新，如图8.6所示。

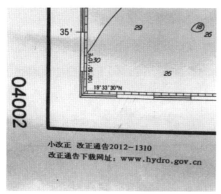

图8.6 海图小改正

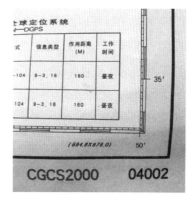

图8.7 图幅

④ 图幅。

印在图廓外右下角，在括号内给出海图内廓界限图尺寸，用以检查海图图纸是否有伸缩变形，尺寸以毫米为单位，如图8.7所示。

⑤ 阅图号。

印在图廓外或图廓内适当地方，表示相同或相近比例尺的邻接图图号。

⑥ 对数图尺。

外廓图框上，左上方和右下方，用来速算航程（s）航速（v）和航行时间（t）之间的关系。

2.海图基准面

（1）高程基准面。

海图上所标山头岛屿和明礁等高程的起算面称为高程基准面。我国海图高程基准面一般采用"1985国家高程基准面"或当地平均海面。英版海图采用平均大潮高潮面（以半日潮为主的海区）平均高潮面（以日潮为主的海区）或当地平均海面（在无潮海区）为高程基准面。

（2）深度基准面。

海图上标注水深的起算面称为海图深度基准面，也是干出高度的起算面。海图基准面定得过高，可能产生负潮高现象，实际水深小于海图水深，对航海安全十分不利。海图基准面定得过低，自然可提高航海安全性，但也会给人以水深过浅的印象。我国沿海系统测量区域采用理论最低潮面（旧称理论深度基准面）为深度基准，英版海图水深通常采用天文最低低潮面作为起算面。

3. 重要海图图式

（1）高程、水深和底质。

① 高程。

海图陆上所标数字以及部分水上括号的数字，都表示该数字附近物标的高程。物标高程自高程基准面至物标顶端的海拔高度，它的起算面和单位一般在海标题栏内有说明，中版海图高程单位为米，高不足10 m的，注记精确到0.1 m，大于10 m的，舍去小数，注记整米数。

灯高一般系自平均大潮高潮面至光源中心的高度干出高度，干出高度系自深度基准高度。比高系自地物、地貌、基部地面至顶端的高度，即物标建筑物本身的高度。

桥梁净空高度是自平均大潮高潮面或江河高水位（设计最高通航水位）到桥下宽度中下梁最低点的垂直距离。架空管道．电线等净空高度是自平均大潮高潮面或江河高水位到管线下垂最低点的垂直距离。英版海图净空高度一般自平均大潮高潮面、平均高高潮面或平均海面起算。

建筑物（如塔形建筑物）符号旁注有高程者，除特殊标志或说明外，一般为地物基部的地面高程。建筑物旁所注带括号的数字表示建筑物的顶高，即自高程基准面至建筑物顶端的高度，建筑物旁括号内所注上有"—"的数字表示建筑物的比高，上有"—"的高程表示树梢略高度，从高程基准面起算。

山高，除高程点一般用黑色圆点表示并在附近标有高程外，其他各点高程用等高线描绘。等高线是地面上高程相等的各点的连线，等高线上数字表示该等高线的高程。用虚线描绘的等高线是草绘等高线，表示地貌测绘或编绘的精度不符合规范要求。无高程的等高线是山形线，它是仅仅表示山体形态的曲线在同一条曲线上高程不一定相等，描绘时可不闭合。

② 水深。

水深是海图深度基准面至海底的深度，凡海图水面上的数字均表示水深。中版海图水深单位为米。水深浅于21 m的注至0.1 m；21~31 m的注至0.5 m；小数0.9、0.1、0.2、0.3化至相近的整米数；小数0.4~0.8化至0.5 m；深于31 m的注至整数，如

图8.8所示。实测水深一般以斜体数字表示，直体数字注记的水深表示深度不准或采自旧水深资料或小比例尺图但在1：500 000或更小比例尺图上，水深注记一律用斜体表示。水深注记（整数）的中心即为水深的实测点位。

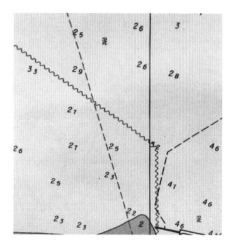

图8.8 海图水深

"疑存"表示对礁石、浅滩等的存在有疑问，"疑深"表示实际深度可能小于已标明的水深标记。"据报"表示未经测量，据报的航行障碍物，如19.8表示未测到底的水深标记。

等深线是图上海图水深相等的各点的连线，用细实线描绘。不精确等深线是根据稀少水深勾绘的等深线，位置不准确采用虚线描绘。

③ 底质。

各种比例尺海图上，通常还以一定的间距标明海底底质。如沙（S）、泥（M）、黏土（CY）、淤泥（S）、石（S）、岩石（R）、珊瑚和珊瑚藻（n）以及贝（sh）等，如图8.9所示。底质注记顺序为先形容词后底质种类，形容沙的形容词有细（F）、中（M）粗（C）和软（So）、硬（Sf）、坚硬（H）等，如软泥（SoM）粗沙（Cs）。已知下层的底质不同于上层底质的地方，先注上层后注下层，如沙／泥（S／M），即上层为沙，下层为

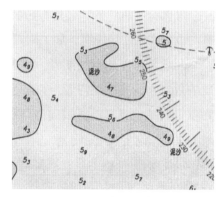

图8.9 海图底质

泥。两种混合的底质，先注成分多的，后注成分少的，如"细沙泥贝"。

（2）航行障碍物。

① 礁石。

礁石是海中突出、孤立的岩石。它又可区分为明礁、干出礁、适淹礁和暗礁。明礁是指平均大潮高潮面上露出的孤立岩石，与小岛同样表示，如图8.10所示。干出礁是指位于平均大潮高潮面以下，深度基准面以上的孤立岩石。它在高潮时淹没，低潮时露出，数字注记系干出高度。适淹礁是在深度基准面上适淹的礁石。深度基准面以下的孤立岩石称为暗礁。

② 沉船。

沉船分为部分露出沉船、桅杆露出的沉船、危险沉船、非危险沉船、测得深度的

沉船和深度精测的沉船。沉船图式可区分为船体形状依比例尺表示和不依比例表示两种，危险沉船是指水深20 m及20 m以内的沉船，或深度不明但有碍水面航行的沉船，如图8.11所示。

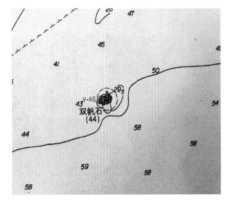

图8.10　海图礁石

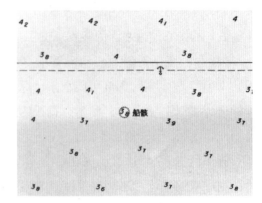

图8.11　沉船

（3）其他障碍物。

除礁石与沉船外，其他障碍物，如捕鱼设备、水下桩、渔礁等一般以符号表示，有时也用文字注记说明，如"附近多渔棚"。

凡危险物外加点线圈者，均为对水面航行有碍的危险物，提醒航海者予以特别注意。以危险物位置来精确测量的，须加注"概位"（PA）。对危险物位置有疑问时，则加注"疑位"（PD）；对危险物的存在有疑问时，也加注"疑存"（ED），如图8.12所示。

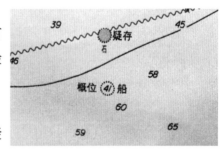

图8.12　海图障碍物

三、基本海图作业

海图作业是选择船艇航线和记录航迹所进行的量测、绘算和标注等工作。分为预先海图作业、航行海图作业、总结海图作业等。海图作业工具有航海平行尺、海图圆规、分规、海图划规、海图三角板。

航行中进行正规的海图作业，是保证按计划安全航行的重要手段。帆船自起锚至抛锚，须以规定样式连续而清晰地进行航行海图作业。内容包括：求风流压中的预先修正航向和进行航迹绘算，按规定及时推算和实测船位；计算、测算和分析同保证按计划安全航行有关的数据和因素。本航次的海图作业，必须保留到下一次航行开始时方可擦去。发生海事时，须将当时作业的海图封存，供海事调查用。随着电子海图和航迹自动显示、标绘系统的发展，海图作业将逐步实现自动化。

第四节　电子海图

"电子海图"是指各种数字式海图及其应用系统的统称，如图8.13所示。电子海图显示与信息系统（ECDIS）被认为是继雷达、ARPA（美国国防部高级研究计划署）之后在船舶导航方面又一项伟大的技术革命。从最初纸海图的简单电子复制品到过渡性的电子海图系统（ENS），ECDIS已发展成为一种新型的船舶导航系统和辅助决策系统，它不仅能连续给出船位，还能提供和综合与航海有关的各种信息，有效地防范各种险情。现代的帆船都安装电子海图，以便帆船在操作时更方便，更安全。

一、电子海图的发展历史

（1）纸质海图等同物。1970年代末到1984年，人们主要是想减少体积和减轻海图作业的劳动强度，因此，仅仅是把纸质海图经数字化处理后存入计算机中。

图8.13　电子海图

（2）功能开拓阶段。到1986年，人们开始挖掘电子海图的各种潜能。如在电子海图上显示船位、航线设计，显示船速、航向等船舶参数、报警，等等。

（3）航行信息系统阶段。将电子海图作为航行信息核心，包括电子海图数据库的完善，与雷达、定位仪、计程仪、测深仪、GPS、VTS、AIS等各种设备和系统的接口和组合，等等。多功能船用电子海图系统对保证船舶航行安全所起的重要作用，得到了IMO和IHO（国际航道测量组织）以及众多航海专家的认可。1986年7月，IMO和IHO成立了ECDIS协调小组，ECDIS各类标准和规范不断地建立和完善，各种性能优良的ECDIS产品也不断地推陈出新。

二、电子海图的作用

电子海图之所以引起高度重视，是因为它具有传统纸海图无法比拟的优点：

（1）电子海图系统可以进行自动航线设计。

（2）航向航迹监测。

（3）自动存储本船航迹。

（4）历史航程重新演示。

（5）航行自动警报（如偏航、误入危险区等）。

（6）快速查询各种信息（如水文、港口、潮汐、海流等）。

（7）船舶动态实时显示（如每秒刷新船位、航速、航向等），将雷达的回波图像叠显在海图上，数千幅海图的自动更正只需几分钟。

三、电子海图的应用领域

电子海图的应用领域包括航海、船舶交通管理（VTS）、港口管理、船舶调度、污染管理、搜救指挥、航标管理、渔业、引水、海洋测绘、海洋工程，等等。

四、电子海图的发展特点

通过对电子海图发展过程及现状的研究，我们可以看出电子海图的发展具有以下特点：

（1）国际标准已趋于完善，电子海图的法律地位得到肯定。

（2）国际合作加强，区域电子海图协调中心的建立已成趋势。

（3）商业发展先于官方进展，成为引导应用的主力军。

（4）电子海图的规格、等级参差不齐，中低档次产品的应用先于高档、标准的系统。

思考题：

1. 海图与普通地图的区别是什么？

2. 简述海图的作用。

3. 海图的投影方法有哪几种？

4. 墨卡托海图具有哪些特点？

5. 电子海图有哪些作用？

航道安全航行

第九章

第一节　助航标志

《中国海区水上助航标志》（GB4696-1999）是我国在国际海上浮标制度（A区域）的基础上结合我国实际情况，在1999年制定并公布实施的。该标准适用于中国海区及其海港、通海河口的所有浮标和水中固定标志。水中固定标志是指水中的立标和灯桩，其设置标点的高程在平均大潮高潮面以下，标志的基础或标身的一部分被平均大潮高潮淹没。

一、航道走向

航道走向是指帆船在沿海、河口的航道航行时用以确定航道左右侧的根据，即浮标系统习惯走向。其规定如下：

（1）从海上驶近或进入港口、河口、港湾或其他水道的方向。

（2）在外海、海峡或岛屿之间的水道，原则上指围绕大陆顺时针航行的方向。

（3）在复杂的环境中，航道走向由航标管理机关规定，并在海图上用符号"→："标出。

二、航道的左右侧

航道的左右侧：帆船顺航道走向航行时，其左舷一侧为航道左侧，右舷一侧为航道右侧。

第二节　助航标志的种类与作用

助航标志是无线电信标和雷达航标、立标（灯立标）、浮标（灯浮）和灯船等的总称。有的航标还附设有雾警设备和无线电导航设备。

航标是人工设置的助航标志的简称，是设置在沿岸及狭窄水域或重要航段或危险水域附近，引导船舶安全航行的重要设施。

一、助航航标的种类

按设置地点分：沿海航标、内河航标、船闸航标。

按设置形态分：固定航标（如灯塔、灯桩、立标等）、浮动航标（如灯船、浮标等）。

固定航标：固定航标设置在海岸、水中礁石上和浅水区，其位置固定不动。

浮动航标：浮在水面上的标志，用锚或沉锤加锚链系留在指定位置。浮动航标的实际位置也是相对固定的，仅在以锚碇为中心的一定范围内移动，但是，遇大风浪或遭遇船舶碰撞时可能会移位或漂失，因此，漂浮航标一般不能用于测定船位。

按用途分：导航航标（如导灯、区界灯、定向标、定位航标）、避险航标、专用标专等。

按技术装置分：发光航标（如灯塔、灯船、灯浮、灯桩等，不发光航标）、音响航标（如雾钟、雾锣、雾哨、雾角或低音雾角、雾笛、爆音雾钟、雾炮等）、无线电航标（如无线电信标、雷达反射器、雷达航标及无电线电双曲线定位系统的信号发射台等）。

二、助航航标的作用

指示航道：形式有标示航道的界限（如侧面标）、指示航道的中央线（如安全水域标）等。

船舶定位：利用固定的确知位置的航标测定船位。

标示危险区：指示危险物位置，供避离危险物用的航标（如方位标志）。

其他专门用途：标示特定水域或特征，标示锚地、施工区、禁区、船舶性能测定场、罗经差测定场、通航分道等。

第三节　各种标志特征及相应的航行方法

一、侧面标志

侧面标志是根据航道走向配布的，用以标示航道两侧界限或标示推荐航道，也可以标示特定航道。确定航道走向的原则是，船舶由海向里，即从海上驶近或进入港口、河口、港湾或其他水道的方向。在外海、海峡或岛屿之间的水道，原则上按环绕大陆顺时针航行的方向。在复杂的环境里，航道走向由航标主管部门确定，并在海图上用洋红色的"=>"表示。当船舶顺航道走向航行时，其左舷一侧为航道的左侧，右舷一侧为航道的右侧。侧面标志包括左侧标、右侧标和推荐航道左侧标、推荐航道右侧标。航道左侧标和右侧标分别设在航道的左右两侧，标示航道左侧和右侧界线。顺航道走向行驶的船舶应将航道左侧标和右侧标置于该船的左舷和右舷通过，如图9.1所示。

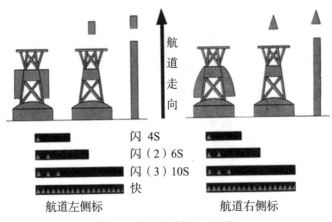

图9.1　航道左侧标和右侧标

航道左侧标和右侧标的特征应符合表9.1的规定。

表9.1　航道左侧标和右侧标的特征

特征	航道左侧标	航道右侧标
颜色	红色	绿色
形状	罐形，或装有顶标的柱形或杆形	锥形，或装有顶标的柱形或杆形
顶标	单个红色罐形	单个绿色锥形，锥顶向上
灯质	红光，单闪，周期4 s	绿光，单闪，周期4 s
	红光，联闪2次，周期6 s	绿光，联闪2次，周期6 s
	红光，联闪3次，周期10 s	绿光，联闪3次，周期10 s
	红光，连续快闪	绿光，连续快闪

二、推荐航道左侧标和右侧标

推荐航道左侧标和右侧标设立在航道分岔处，也可设置在特定航道，船舶沿航道航行时，推荐航道左侧标标示推荐航道或特定航道在其右侧；推荐航道右侧标标示推荐航道或特定航道在其左侧，如图9.2所示。

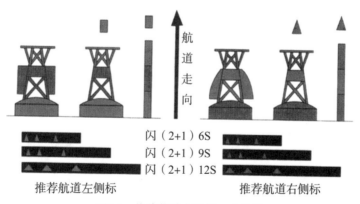

图9.2　推荐航道左侧标、右侧标

推荐航道左侧标和右侧标的特征应符合表9.2的规定。

表9.2　推荐航道左侧标和右侧标的特征

特征	推荐航道左侧标	推荐航道右侧标
颜色	红色，中间一条绿色宽横带	绿色，中间一条绿色宽横带
形状	罐形；装有顶标的柱形或杆形	锥形；装有顶标的柱形或杆形

续表

特征	推荐航道左侧标	推荐航道右侧标
顶标	单个红色罐形	单个绿色锥形，锥顶向上
灯质	红光，混合联闪2次加1次，周期6 s	绿光，混合联闪2次加1次，周期6 s
	红光，混合联闪2次加1次，周期9 s	绿光，混合联闪2次加1次，周期9 s
	红光，混合联闪2次加1次，周期12 s	绿光，混合联闪2次加1次，周期12 s

三、方位标志

方位标志设在以危险物或危险区为中心的北、东、南、西四个象限内，即真方位西北-东北，东北-东南，东南-西南，西南-西北，并对应所在象限命名为北方位标、东方位标、南方位标、西方位标，分别标示在该标的同名一侧为可航行水域。方位标也可设在航道的转弯、分支汇合处或浅滩的终端。

北方位标设在危险物或危险区的北方，船舶应在本标的北方通过。东方位标设在危险物或危险区的东方，船舶应在本标的东方通过。南方位标设在危险物或危险区的南方，船舶应在本标的南方通过。西方位标设在危险物或危险区的西方，船舶应在本标的西方通过，如图9.3所示。

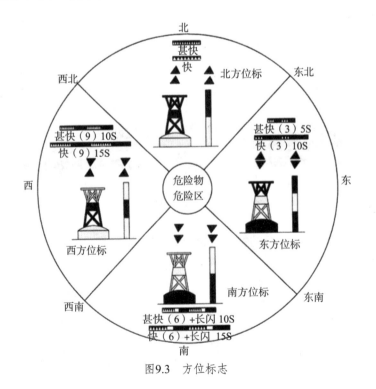

图9.3　方位标志

方位标志的特征应符合表9.3的规定。

表9.3　方位标志的特征应

特征	北方位标	东方位标	南方位标	西方位标
颜色	上黑下黄	黑色，中间一条黄色宽横带	上黄下黑	黄色，中间一条黑色宽横带
形状	装有顶标的柱形或杆形			
顶标	上下垂直设置的两个锥体			
	锥顶均向上	锥底相对	锥顶均向下	锥顶相对
灯质	白光，连续甚快闪	白光，联甚快闪3次，周期5 s	白光，联甚快闪6次，加一长闪，周期10 s	白光，联甚快闪9次，周期10 s
	白光，连续快闪	白光，联快闪3次，周期10 s	白光，联快闪6次加一长闪，周期15 s	白光，联快闪9次，周期15 s

四、孤立危险物标志

孤立危险物标志设置或系泊在孤立危险物之上，或尽量靠近危险物的地方，标示孤立危险物所在。船舶应参照航海资料，避开本标志航行。孤立危险物标志如图9.4所示。

闪（2）5S

图9.4　孤立危险物标志

孤立危险物标志的特征应符合表9.4的规定。

表9.4 孤立危险物标志的特征

特征	孤立危险物标
颜色	黑色，中间有一条或数条红色宽横带
形状	装有顶标的柱形或杆形
顶标	上下垂直的两个黑色球形
灯质	白光，联闪2次，周期5 s

五、安全水域标志

安全水域标设在航道中央或航道的中线上，标示其周围均为可航行水域，船舶可在其任何一侧航行，该标也可代替方位标或侧面标指示接近陆地，安全水域标志如图9.5所示。

安全水域标的特征应符合表9.5的规定。

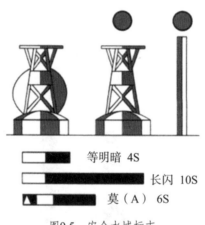

等明暗 4S
长闪 10S
莫（A） 6S

图9.5 安全水域标志

表9.5 安全水域标志的特征

特征	安全水域标
颜色	红色相间竖条
形状	球形，或装有顶标的柱形或杆形
顶标	单个红色球形
灯质	白光，等明暗，周期4 s
	白光，长闪，周期10 s
	白光，莫尔斯信号"A"，周期6 s

六、专用标志

专用标是用于标示特定水域或水域特征的标志，专用标如图9.6所示。

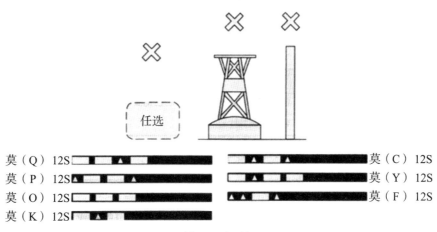

莫（Q）12S
莫（P）12S
莫（O）12S
莫（K）12S

莫（C）12S
莫（Y）12S
莫（F）12S

图9.6　专用标

专用标的特征应符合表9.6的规定。

表9.6　专用标志的特征

特征	专用标
颜色	黄色
形状	不与浮标和水中固定标志相抵触的任何形状
顶标	黄色，单个"×"形
灯质	符合表9.7的规定

专用标志按用途划分，主要包括以下七类：

（1）锚地。船舶停泊及检疫锚地等。

（2）禁航区。军事演习区等。

（3）海上作业区。海洋资料探测、航道测量、水文测验、潜水、打捞、海洋开发、抛泥区、测速场、罗盘校正场等。

（4）分道通航。分道通航区、分隔带等，当使用常规助航标志标示分道通航可能造成混淆时可使用。

（5）水中构筑物。电缆、管道、进水口、出水口等。

（6）娱乐区。体育训练区、海上娱乐场等。

（7）水产作业区。水产定置网作业区和养殖场等。

专用标志应在标体明显处设置标示其用途的标记，并应在水上从任何水平方向观

测时都能看到，具体规定见表9.7。

表9.7　专用标志应标记及灯质

用途种类	标记		灯质		
	颜色	图形标志	光色	闪光节奏	周期s
锚地	黑	⚓	黄	摩斯信号"Q" — — — — 摩斯信号"P" — — — — 摩斯信号"O" — — — — 摩斯信号"K" — — — 摩斯信号"C" — — — — 摩斯信号"Y" — — — — 摩斯信号"F" — — — —	12
禁航区	黑	✕			
海上作业区	红/白	◨			
分道通航	黑	⬅			
水中构筑物	黑	△			
娱乐区	红、白	☂			
水产作业区	黑	🐟			
注：可以15 s为备用周期					

　　在特殊情况下，超出本标准所列专用标志的七种用途时，经航标管理机关批准，可另行确定灯质和标记。

七、新危险物的标示

（一）新危险物的标示方法

　　当航标管理机关认为某一新危险物严重危及船舶航行安全时，应尽快设置标示它的标志。这些标志可以是方位标志或侧面标志，灯光节奏均采用甚快闪或快闪。同时，在这些标志中至少应有一个重复标志，其全部特征要和与它配对的标志相同。

新危险物可用雷达应答器来标示，在雷达荧光屏上显示出一个相当于1海里长度的图像，其编码为莫尔斯信号"D"（—··）。

（二）新危险物重复标志的撤除

航标管理机关在确认新危险物的信息已被充分通告后，其重复标志方可撤除，并恢复正常航标设置。

思考题：

1.助航标志的种类有哪些？

2.助航标志的作用是什么？

3.简述各种标志特征及相应的航行方法。

4.按用途划分专用标志主要包括哪七类？

潮汐与气象

第十章

第一节　潮　汐

潮汐是沿海地区的一种自然现象，指海水在天体（主要是月球和太阳）引潮力作用下所产生的周期性运动，习惯上把海面垂直方向涨落称为潮汐，而海水在水平方向的流动称为潮流。白天的海面上升为潮，晚上的海面上升为汐，如图10.1所示。

图10.1　潮汐现象

由于地球、月球在不断运动，地球、月球与太阳的相对位置在发生周期性变化，因此引潮力也在周期性变化，这就使潮汐现象周期性地发生。一日之内，地球上除南北两极及个别地区外，各处的潮汐均有两次涨落，每次周期12小时25分，一日两次，共24小时50分，所以潮汐涨落的时间每天都要推后50分钟。生活在海边有经验的人，大都能推算出潮汐发生的时间。

一、潮汐术语

潮汐：海面在外力作用下产生的周期性的升降现象。

涨潮：海面上升的过程。

落潮：海面下降的过程。

高潮：海面涨到最高位置时，称为高潮。

低潮：海面落到最低位置时称为低潮。

停潮：低潮前后的一段时间内，海面处于停止状态，称为停潮。

低潮时：停潮的中间时刻。

平潮：高潮前后的一段时间内，海面处于停止状态，称为平潮。

高潮时：平潮的中间时刻。

涨潮时间：从低潮到高潮的时间间隔。

落潮时间：从高潮到低潮的时间间隔。

平均海面：根据长期潮汐观测记录算得的某一时期的海面平均高度。

潮高基准面：观测和预报潮高的起算面，从平均海面向下度量。潮高基准面一般与海图深度基准面一致。因此，实际水深等于当时潮高加上海图水深，如果两者不一致，求实际水深时，应对两者的差值进行修正。

大潮升：从潮高基准面到平均大潮高潮面的高度。

小潮升：从潮高基准面到平均小潮高潮面的高度。

潮流：伴随海面周期性的升降运动而产生的海水周期性的水平方向的流动

潮汐的变化周期：指相邻高潮或相邻低潮的时间间隔，一般大约为半天或一天，即所谓的半日潮和日潮。

潮水的涨落时快时慢，高潮后，海面下降速度缓慢，到高低潮中间附近时下降速度最快，随后又减慢，直到发生低潮。

二、潮汐的形成原因

潮汐是由于天体的引潮力产生的，天体的引力和惯性离心力的合力称为引潮力。对潮汐影响较大的是月球和太阳的引潮力，其中月球引潮力是产生潮汐的主要因素。

三、潮汐现象

（一）潮汐的周日不等

在一个太阴日中，两个高潮和两个低潮有明显的差异，涨落潮的时间间隔也不相等，称为潮汐的周日不等。其中较高的一次高潮叫高高潮，较低的一次高潮叫低高潮，而两次低潮中较高的一次叫高低潮，较低的一次叫低低潮。

日潮是指一天只有一次高潮和一次低潮的现象。当纬度很高，月亮赤纬又较大时，某相邻的低高潮和高低潮的高度可能相差无几，从而形成了日潮现象。

当月赤纬达到最大时，潮汐周日不等现象最为显著，月赤纬最大时的潮汐称为回归潮。

（二）潮汐的半月不等

海水的涨落变化是以半个溯望月为周期的，这种现象称为潮汐的半月不等。当太阳的赤纬不为零时，也会发生太阳潮汐的周日不等现象，所以太阳潮的存在使潮汐现象更为复杂。因月球、太阳和地球在空间周期性地改变着相对位置，从而产生了潮汐的半月不等现象。

当月球处于新月（阴历初一）或满月（阴历十五）时，太阳和月球的潮汐椭圆体的长轴在同一子午圈平面内，则月引潮力和太阳引潮力相互递加，使合成的潮汐椭圆体长轴更长，短轴更短，从而形成了高潮相对最高，低潮相对最低，即一个月中海水涨落最大的现象，称为大潮。

月球处于上弦（阴历初七、八）或下弦（阴历二十二、二十三）时，太阳和月球的潮汐椭圆体的长、短轴在同子午圈平面内，因此两者的引潮力相互抵消一部分，使合成的潮汐椭圆体长轴变短，短轴变长，从而形成了高潮相对最低，低潮相对最高即一个月中海水涨落最小的现象，称为小潮。

（三）潮汐的视差不等

地球位于椭圆轨道的一个焦点上潮汐的视差不等是由于月球和太阳与地球间的距离变化，使月球引潮力和太阳引潮力发生变化，从而产生的潮汐不等现象。

月球位于近地点时，其引潮力要比远地点时约大40%。地球位于近日点时的太阳引潮力比远日点约大10%。月球视差不等是指月亮引潮力的变化，周期为27.3天。太阳视差不等是指太阳引潮力的变化，周期为365.422天。

（四）理论潮汐和实际潮汐的差异

前面讨论的潮汐成因和潮汐不等是在假设的两个条件下进行的，事实上，海底的实际地貌特征使海水受到较大的摩擦力，其结果造成了潮汐的"滞后"现象，高潮月中天之时，而是滞后一段时间发生，大潮也并不发生在朔望之日。月球和太阳所引起的潮汐椭球，其长轴方向一致，因之潮高相互叠加，形成朔望大潮。实际上，在较多地方，大潮发生的时间稍有延后现象，因此，大潮发生的时间，是在满月和新月之后一天或两天。从月上（下）中天时到出现第一次低潮的时间间隔称低潮间隙。从月上（下）中天时到出现第一次高潮的时间间隔称高潮间隙。朔望日到发生大潮的间隔天数称为潮龄。

（五）影响潮汐的主要因素

（1）受地形和水深影响，沿岸海区地理条件比大洋更加复杂。

（2）受大风、台风、气压变化影响。

（3）受洪水、结冰等影响。

（六）我国沿海潮汐特点

1. 黄海和渤海海区

从鸭绿江口沿辽宁海岸到大连老铁山为正规半日潮，由老铁山以北，经长兴岛、营口、葫芦岛至团山角为不正规半日潮。娘娘庙附近的一小段海岸为不正规日潮，从石河口一直扩展到秦皇岛以南即转入日潮，从留守营（人造河口）至滦河口以北一小段又为不正规日潮。从滦河口、大清河、埕口沿山东北岸经莱州湾至屺姆角为不正规半日潮，其中在南堡附近为正规半日潮，在老黄河口附近和五号桩附近为正规全日潮，而从屺姆角到威海，包括渤海海峡都是正规半日潮。从威海以东，经成山头，石岛至靖海角为不正规半日潮。从靖海湾沿山东南岸到江苏海岸为正规半日潮，但在从废黄河口至扁担港附近有一小段为不正规半日潮。

2. 东海海区

从江苏海岸直至杭州湾为正规半日潮，宁波定海附近有一小范围的地区为不正规半日潮，从宁波至厦门浮头湾以北都是正规半日潮，而澎湖列岛北面以及台湾西岸东石以北，直至淡水也是正规半日潮，澎湖列岛南面和台湾东岸北岸西南岸以及台湾附属岛屿钓鱼岛都是不正规半日潮。

3. 南海海区

自厦门浮头湾直到广东汕头南面的海门湾为不正规半日潮，神泉港到甲子港附近为全日潮，广东的碣石湾、汕尾到平海湾为不正规全日潮，但有部分港湾港口如碣石港为正规全日潮，长沙港为不正规半日潮。从平海湾、大鹏湾、珠江口一直到雷州湾和琼州海峡东为不正规半日潮。从海安港沿雷州半岛西南岸直至广西珍珠港的北部湾区域，除铁山港附近为不正规全日潮外，其余为正规全日潮。海南岛东北从铺前港到铜鼓嘴为不正规半日潮，东南从铜鼓嘴到八所港南面为不正规全日潮，海南岛西北从八所港到海口港为全日潮。

四、潮汐的周期分类

根据潮汐周期可分为以下三类：

（一）半日潮型

一个太阳日内出现两次高潮和两次低潮，前一次高潮和低潮的潮差与后一次高潮和低潮的潮差大致相同，涨潮过程和落潮过程的时间也几乎相等（6小时12.5分）。我国渤海、东海、黄海的多数地点为半日潮型，如大沽、青岛、厦门等。

（二）全日潮型

一个太阳日内只有一次高潮和一次低潮。如南海汕头、渤海秦皇岛等。南海的北部湾是世界上典型的全日潮海区。

（三）混合潮型

一月内有些日子出现两次高潮和两次低潮，但两次高潮和低潮的潮差相差较大，涨潮过程和落潮过程的时间也不等，而另一些日子则出现一次高潮和一次低潮。我国南海多数地点属混合潮型，如榆林港，十五天出现全日潮，其余日子为不规则的半日潮，潮差较大。不论哪种潮汐类型，在农历每月初一、十五以后两三天内，各要发生一次潮差最大的大潮，那时潮水涨得最高，落得最低。在农历每月初八、二十三以后两三天内，各有一次潮差最小的小潮，届时潮水涨得不太高，落得也不太低。

五、潮汐表

潮汐表是潮汐预报表的简称，它预报沿海某些地点在未来一定时期的每天潮汐情况。在航运方面，有些水道和港湾须在高潮前后才能航行和进出港。在军事方面，有时为了选择有利的登陆地点和时间，就必须考虑和掌握潮汐的情况。在生产方面，沿海的渔业、水产养殖业、农业、盐业、资源开发、港口工程建设、测量、环境保护和潮汐发电等，都要掌握潮汐变化的规律。

潮汐表一般包括主港逐日预报表（通常有高潮和低潮的时间和潮高，有的港还有每小时的潮高）、附有港差比数、潮信和任意时刻的潮高计算等内容。港差比数包括潮时差、潮差比和潮高比，是根据主港和附港的潮汐资料统计得到的，也可由主港和附港的潮汐调和常数算得。差比法是利用主港的潮汐预报来预测附港潮汐的方法。欲求得某附港的高潮和低潮的时间，只需将主港的高潮或低潮的时间加上此附港的潮时差即得。欲求得附港的高潮和低潮的潮高，可利用潮差比或潮高比进行计算。

在半日潮占优势的港口，通常列有各港的平均高潮间隙、平均大潮升（大潮平均高潮高）、平均小潮升（小潮平均高潮高）等潮汐特征值。在全日潮占优势的港口，一般列出回归潮和分点潮的潮汐特征值，可用以计算各港口大概的潮时和潮高，并了解附港的潮汐特征等。

任意潮时或潮高的计算在潮汐表中，通常附有便于计算的图卡和表，应用于已知高潮和低潮的情况下，计算高潮和低潮之间任一时刻的潮高或出现任一潮高的时刻。此外，有的潮汐表还附有各港口主要分潮的调和常数，或概略介绍附近海区的潮流，如表10.1所示。

表10.1　洋浦港2022年11月潮汐表

洋　浦
YANGPU

2022 年潮汐表　　　　　19° 44′ N　　　　109° 11′ E　　　　11 月

每　时　潮　高

日　期

时间	1 TU	2 W	3 TH	4 F	5 SA	6 SU	7 M	8 TU	9 W	10 TH	11 F	12 SA	13 SU	14 M	15 TU	16 W
0	93	68	62	77	107	144	178	204	218	221	213	195	170	145	124	111
1	127	93	79	88	115	152	191	223	243	251	246	230	206	178	154	135
2	167	127	102	102	124	162	203	240	268	282	282	269	245	217	188	165
3	210	165	132	120	135	170	214	255	289	310	317	309	287	257	226	197
4	257	206	165	142	146	174	218	264	303	330	344	343	326	298	265	232
5	304	249	199	166	158	176	215	263	308	342	362	367	358	335	302	268
6	348	292	235	191	170	176	205	251	299	340	368	381	379	363	335	301
7	383	332	272	217	182	175	193	230	276	321	357	379	387	380	360	330
8	406	365	308	246	198	174	178	205	244	288	329	360	378	383	373	350
9	415	388	338	276	218	177	164	178	209	248	290	326	354	370	372	360
10	408	398	360	304	242	188	156	152	172	206	245	283	317	343	357	357
11	384	393	372	327	267	206	158	135	135	162	197	236	273	306	330	342
12	348	375	372	341	288	227	170	130	115	123	150	187	226	264	296	318
13	305	345	359	344	303	246	186	136	106	98	112	141	179	219	257	287
14	256	308	336	337	310	261	202	147	107	86	86	105	136	175	214	250
15	204	264	305	319	306	272	217	160	113	83	73	80	102	135	173	210
16	153	215	266	293	293	269	227	174	124	87	68	66	79	103	135	171
17	107	166	221	259	272	260	229	185	138	97	71	61	66	81	105	135
18	71	121	175	219	244	244	228	194	150	110	81	65	61	69	84	107
19	47	86	134	179	212	224	215	189	156	121	93	73	65	65	73	88
20	33	61	102	145	180	202	204	189	162	131	104	84	72	68	70	78
21	31	48	81	120	156	182	194	190	172	145	118	96	82	75	73	77
22	37	45	71	107	142	170	188	191	184	164	138	114	96	85	81	81
23	50	51	71	103	139	170	191	201	200	188	164	139	117	101	93	91

每　时　潮　高

日　期

时间	17 TH	18 F	19 SA	20 SU	21 M	22 TU	23 W	24 TH	25 F	26 SA	27 SU	28 M	29 TU	30 W
0	105	106	116	137	167	203	235	254	256	239	207	164	120	88
1	125	122	130	149	180	219	259	288	298	286	254	210	163	124
2	149	143	146	162	192	233	278	316	338	335	307	261	209	163
3	177	166	165	176	202	242	290	335	367	376	357	315	259	205
4	206	189	183	188	208	244	293	343	405	398	364	310	250	
5	237	213	200	198	210	239	284	338	388	420	426	404	357	296
6	267	238	216	205	208	227	265	317	372	417	438	430	394	339
7	296	262	233	212	203	210	237	282	339	393	431	439	418	372
8	320	285	251	220	198	192	206	241	293	351	402	429	426	394
9	336	304	268	230	197	175	173	196	239	296	356	400	416	401
10	343	317	282	242	199	163	144	151	186	241	302	356	389	393
11	339	322	293	253	206	160	125	112	131	174	231	290	335	371
12	326	318	296	261	215	164	117	87	86	120	179	247	306	339
13	304	306	292	266	222	171	118	76	47	63	113	185	251	298
14	276	287	283	262	226	184	124	74	42	39	69	125	193	251
15	242	262	266	254	226	184	132	76	21	34	76	137	198	
16	204	230	243	240	222	188	143	91	43	14	13	41	90	148
17	167	195	215	221	212	188	151	105	57	19	4	18	55	105
18	134	161	183	198	197	180	152	116	74	33	7	7	32	74
19	109	133	157	176	185	180	160	131	89	49	19	8	21	53
20	93	114	137	159	175	179	168	143	91	35	17	20	43	
21	86	103	126	150	170	182	181	163	131	91	55	31	27	43
22	87	101	123	149	174	192	198	188	163	124	83	52	49	
23	94	106	128	156	186	211	225	219	199	164	121	82	60	61

日期	潮时时分	潮高cm	日期	潮时时分	潮高cm
1 TU ☽	0904 2043	415 31	16 W ☾	0916 2044	360 77
2 W	1012 2146	398 45	17 TH	1009 2120	343 86
3 TH	1128 2232	374 70	18 F	1104 2143	322 101
4 F	1249 2255	344 103	19 SA	1201 2149	296 123
5 SA E	1410 2248	310 139	20 SU	1305 2133	264 148
6 SU	0517 0748 1529 2231	176 174 271 169	21 M	0455 0856 1433 2103	210 197 227 170
7 M	0406 1017 1645 2214	218 156 229 187	22 TU	0352 1053 1625 1953	244 160 189 179
8 TU ○	0425 1150	265 130	23 W ●	0348 1220	293 117
9 W	0453 1321	308 105	24 TH	0409 1343	344 74
10 TH	0523 1453	343 83	25 F	0442 1457	388 38
11 F	0553 1605	368 68	26 SA SP	0523 1605	421 14
12 SA N	0625 1704	382 61	27 SU	0609 1713	438 4
13 SU	0701 1802	387 61	28 M	0700 1825	439 6
14 M A	0741 1900	383 65	29 TU	0757 1936	426 19
15 TU	0826 1957	374 70	30 W ☽	0859 2035	401 42

时　区：−0800　　　　　　　　潮高基准面：在平均海面下 195 cm

六、我国《潮汐表》出版的情况

我国的《潮汐表》有多种版本，由国家海洋信息中心编制、山东省地图出版社出版发行的《潮汐表》，由海军司令部航海保证部编制、中国航海图书出版社发行的《潮汐表》，还有地方海事部门出版的当地《潮汐表》，每年出版一次，本年度的《潮汐表》均在上年度编印。海军司令部航海保证部编制的《潮汐表》共有四册，包括黄、

渤海海区（H101），东海海区（H120），南海海区（H103），太平洋北西部（H104）。

（一）《潮汐表》主要内容

（1）主港潮汐预报表（主表）：刊载了各册表附属区域的主港的每日逐时潮高和高（低）潮时、潮高预报或只刊载每日高（低）潮时、潮高预报。

（2）潮流预报表：刊载了部分海峡、港湾、航道以及渔场等潮流预报站点的每日潮流预报。

（3）差比数和潮信表（附表）：刊载了附属港（附港）与某一主港之间的潮时差、潮差比和改正数。为了帮助用户了解港口的潮汐情况，还同时列出了每个港口的潮汐特征数据。

除此以外还有一些与潮汐表结合使用的专用图表如《部分港口潮高订正值表》《格林尼治月中天时刻表》《东经120°月中天时刻表（北京标准时）》和《月赤纬表（世界时0时）》及表册说明和使用举例等。

《潮汐表》中刊载每日高、低潮的潮时和潮高预报的港口称为主港，它通常是重要港口或者能够代表某类潮汐特征。如果某两个港口的潮汐特征类似，则两者之间具有几乎不变的潮时差和潮差比（差比关系）。

（二）《潮汐表》的预报误差及气象水文对潮汐的影响

中国沿岸主港的预报精度高于英、美等国的潮汐表，其余地区的精度大致与英美等国的潮汐表相当。在正常情况下，中国沿岸主港的预报潮时的误差在30 min以内，但是对于此位于感潮河段中的主港预报潮高与实际水位相差较大，在下列情况下《潮汐表》的预报可能出现较大误差，应予注意。

（1）有寒潮、台风或其他天气急剧变化时，水位随之发生特殊变化，潮汐预报值将与实际值有较大不同。寒潮常常引起"减水"使实际水位低于预报很多，个别强烈的寒潮可使实际水位低于预报1米以上。夏秋季节受到台风侵袭的地区（尤其是闽浙沿海）常常引起较大的"增水"，个别情况也有引起实际水位高于预报1 m以上的现象。此外长江口附近春季经常有气旋出海而引起大风，也能引起水位的较大变化。

（2）处在江河口的预报点，如营口、燕尾、吴淞、温州、海门、马尾等，每当汛期洪水下泄时，水位急涨，实际水位会高于预报值很多。

（3）南海的日潮混合潮港如海口、海安、北海等，因高潮与低潮常常有一段较长的平潮时间，预报的潮时有时会与实际差1小时以上，但这对实际使用影响不大，所报时间的潮高仍与实际比较相符。

（4）潮流预报表中预报的只是水流中的潮流部分。在一般情况下，本表预报的潮流是水流中的主要成分，可以近似地视为实际水流。但是在特殊情况下，表层海流受到风的影响很大，使潮流规律不明显，这时表中的预报与实际水流有较大的差别，使用时要注意。

第二节　气　象

一、气象要素

表征大气基本特征及变化规律的物理量就称为气象要素。主要气象要素有气温、气压、气团、风、云、降水、空气湿度和能见度等各种天气现象，在这些主要的气象要素中，有的表示大气的性质，如气温、气压、气团和湿度；有的表示空气的运动状况，如风向、风速；有的本身就是大气中发生的一些现象，如云、雾、雨、雪、雷电等。

（一）气温

气温是指表示大气冷热程度的物理量。它是空气分子运动的平均动能，习惯上以摄氏温度（t℃）表示，也有用华氏温度（t' °F）表示的，理论研究工作中则常用绝对温度（TK）表示。其间换算关系是：t℃=5/9（t' °F$-$32）；t℃=TK$-$273.15，地面大气温度一般指地面以上1.25~2米之间的大气温度，测量气温的仪器有温度表和温度计。

（二）气压

它是在任何表面的单位面积上，空气分子运动所产生的压力。气压的大小同高度、温度、密度等有关，一般随高度增高按指数律递减。在气象上，通常用测量高度以上单位截面积的铅直大气柱的重量来表示。常用单位有毫巴（mb）、毫米水银柱高度（mm·Hg）、帕（Pa）、百帕（hPa）、千帕（kPa），其间换算关系是：1 mm·Hg=4/3 mb，1 mb=100 Pa=1 hPa=0.1 kPa。国际单位制通用单位为帕。测量气压的仪器常用的有水银气压表、空盒气压表、气压计（见地面气象观测仪器）。按云底的高度和云状等的不同，把云压称为标准大气压，它相当于在重力加速度为9.806 65 m/s²，温度为0℃时，760毫米铅直水银柱的压强。

（三）气团

同一时段，占据广大空间的大团空气内，水平方向上的物理属性比较均匀，在垂

直方向上的各种物理属性分布比较相似，天气特点也大致相同，气象要素变化不太剧烈，这种大团空气称为气团，如图10.2所示。

图10.2　气团

（四）风

空气的水平运动称作风。风既有方向，也有速度。风向是指风来的方向，地面风向用十六个方位表示。风速是指单位时间内空气在水平方向上移动的距离，风速单位是米/秒。目测风速是依据风力等级来估计的，目前普遍采用的是英国蒲福的风速标准。

风速计通常用来监测风速，很多航海的地方都有风速计用来显示水边地码头区的风力。出海前检查一下风速计很有必要，尤其是风往海里吹的时候，通过水的表面难以判断风力。

风是由气压差所产生的，通常从高压区域流向低压区域。它的方向和速度极大地受本地地形的影响，当你在被群山或高建筑物环绕的水域航行时，你会发现风向和风力经常改变，熟悉周围的环境对你适应这些变化很有好处。

1. 海陆风（岸边的离岸风和向岸风）

海陆风是由于海陆热力性质不同所形成的，白天由海洋吹向陆地，夜间由陆地吹向海洋。在白昼陆面增温比海面快，气压梯度自海面指向陆地，空气从海上吹向岸边，会产生向岸风，这时地面上的风就是海风，向岸风是由海上较重的冷空气推动陆地较轻的热空气造成的。下午随着陆地温度的升高，向岸风会明显的变强。

自海面吹向陆地的风叫向岸风。夜晚陆面冷却比海面快，一些风从陆地吹向海面，这时地面上的风就是陆风，称作离岸风。离岸风受当地地形特征的影响，站在岸边观察海面离岸风看起来比实际的规模要小，这是因为你看到的是它吹起波浪的背面。如果身处海里观察，你会发现风力会比你想象的要大得多，上层的风向与地面的风向相反。海风和陆风的转换时间，随地形特点及天气条件而定，一般在日出和日落时为转变时间。

2. 季风和地方性风

地球上不少地区的盛行风都是随季节变化而改变的，例如渤海和黄海冬季多偏北风，夏季多偏南风。春秋季为转换季节，春季风向逐渐由偏北风转为偏南风。9月份北风出现次数增多，10月份黄、渤海沿岸主要风向分布较春季复杂，渤海沿岸以偏南风居第一，偏北风次之，黄海区北及东北风已居第一。黄海北部及渤海沿岸风速较小，夏季平均风速在4~5米/秒，春秋季平均风速5~6米/秒。春季除个别海区外，风速略小于秋季，像这种大范围风向随季节而有规律转变的盛行风叫作季风。

3. 风速

风速是单位时间内空气在水平方向上移动的距离，常用单位有米/秒（m/s）和节（kn），它们之间的关系为：1 m/s≈1.943 kn

4. 风力

根据风对地面物体或海面的影响程度，定出风力等级。目前国际上采用的风力等级是英国人蒲福于1808年拟定的，故称蒲氏风级。当时将风级划分为0~12级共13个等级，如表10.2所示。

表10.2　风级划分

风级和符号	名称	风速（m/s）	陆地物象	海面波浪	浪高（米）
0	无风	0.0~0.2	烟直上	平静	0.0
1	软风	0.3~1.5	烟示风向	微波峰无飞沫	0.1
2	轻风	1.6~3.3	感觉有风	小波峰未破碎	0.2
3	微风	3.4~5.4	旌旗展开	小波峰顶破裂	0.6
4	和风	5.5~7.9	吹起尘土	小浪白沫波峰	1.0
5	劲风	8.0~10.7	小树摇摆	中浪折沫峰群	2.0
6	强风	10.8~13.8	电线有声	大浪到个飞沫	3.0
7	疾风	13.9~17 l	步行困难	破峰白沫成条	4.0
8	大风	17.2~20.7	折毁树枝	浪长高有浪花	5.5
9	烈风	20.8~24.4	小损房屋	浪峰倒卷	7.0
10	狂风	24.5~28.4	拔起树木	海浪翻滚咆哮	9.0
11	暴风	28.5~32.6	损毁普遍	波峰全呈飞沫	11.5
12	飓风	32.7以上	摧毁巨大	海浪滔天	14.0

1946年风力等级又有修改，将风级增至0～17级共18个等级，如表10.3所示。

表10.3 风级划分

风级	风速（m/s）
13	37.0~41.4
14	41.5~46.1
15	46.2~50.9
16	51.0~56.0
17	56.1~61.2

5. 风向

风向是指风的来向，常用16方位或方位度数表示，如图10.3所示。

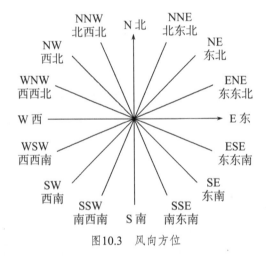

图10.3 风向方位

6. 热带气旋

热带气旋是发生在热带海洋上的强烈天气系统，它像在流动江河中前进的涡旋一样，一边绕自己的中心急速旋转，一边随周围大气向前移动。在北半球热带气旋中的气流绕中心呈逆时针方向旋转，在南半球则相反。愈靠近热带气旋中心，气压愈低，风力愈大。但发展强烈的热带气旋，如台风，其中心是一片风平浪静的晴空区，即台风眼。气象学上，则只有风速达到某一程度的热带气旋才会被冠以"台风""飓风"等名字，如图10.4所示。

图10.4　热带气旋

　　热带气旋是一种低气压天气系统，于热带地区离赤道平均3~5纬度外的海面（如南北太平洋、北大西洋、印度洋）上形成，最终在海上消散，转化为温带气旋或在登陆后消散。

　　登陆后的热带气旋会造成严重的财产或人命伤亡，是天灾的一种。不过热带气旋亦是大气循环其中一个组成部分，能够将热能及地球自转的角动量由赤道地区带往较高纬度。不同的地区习惯上对热带气旋有不同的称呼。西太平洋沿岸习惯上称当地的热带气旋为台风，而大西洋沿岸则习惯称当地的热带气旋为飓风。

　　热带气旋主要在夏季后期生成，因为海水温度在这个时候最高。但在确切的生成时间上，每个海域都有其独有的季度变化。综合全球而言，9月是热带气旋最活跃的月份，而5月则是最不活跃的月份。

（五）云

　　云是大气中的水蒸气遇冷液化成的小水滴或凝华成的小冰晶所混合组成的，飘浮在空中的可见聚合物。

　　云是地球上庞大的水循环的有形的结果。太阳照在地球的表面，水蒸发形成水蒸气，一旦水汽过饱和，水分子就会聚集在空气中的微尘（凝结核）周围，由此产生的水滴或冰晶将阳光散射到各个方向，这就形成了云的外观。并且，云可以形成各种的形状，也因在天上的不同高度、形态而分为许多种，如图10.5所示。

图10.5　云

（六）降水

降水是指空气中的水汽冷凝并降落到地表的现象。它包括两部分，一是大气中水汽直接在地面或地物表面及低空的凝结物，如霜、露、雾和雾凇，又称为水平降水。另一部分是由空中降落到地面上的水汽凝结物，如雨、雪、霰雹和雨凇等，又称为垂直降水。但是单纯的霜、露、雾和雾凇等，不作为降水量处理。在中国，气象局地面观测规范规定，降水量仅指的是垂直降水，水平降水不作为降水量处理，发生降水不一定有降水量，只有有效降水才有降水量。一天之内200毫米以上降水量为特大暴雨，75毫米以上为大暴雨，50毫米以上为暴雨，25毫米以上为大雨，10~25毫米为中雨，10毫米以下为小雨。

（七）空气湿度

空气湿度是表示空气中水汽含量和湿润程度的气象要素。地面空气湿度是指地面气象观测规定高度（即1.25~2.00米，国内为1.5米）上的空气湿度，是由安装在百叶箱中的干湿球温度表和湿度计等仪器所测定的。

空气湿度有三种基本形式，即水汽压、相对湿度、露点温度。

水汽压（也称绝对湿度）表示空气中水汽部分的压力，以百帕（hPa）为单位，取小数一位。相对湿度用空气中实际水汽压与当时气温下的饱和水汽压之比的百分数表示，取整数。露点温度是表示空气中水汽含量和气压不变的条件下冷却达到饱和时的温度，单位用摄氏度（℃）表示，取小数一位，配有湿度计时还可以测定相对湿度的连续记录和最小相对湿度。

（八）能见度

能见度是指物体能被正常视力看到的最大距离，也指物体在一定距离时被正常视力看到的清晰程度。能见度和当时的天气情况密切相关，当出现降雨、雾、霾、沙尘暴等天气过程时，大气透明度较低，因此能见度较差。测量大气能见度一般可用目测的方法，也可以使用大气透射仪、激光能见度自动测量仪等测量仪器测试。

在气象学中，能见度用气象光学视程表示。气象光学视程是指白炽灯发出色温为2 700 K的平行光束的光通量，在大气中削弱至初始值的5%所通过的路径长度。

白天能见度是指视力正常的人，在当时天气条件下，能够从天空背景中看到和辨认的目标物的最大水平距离，实际上也是气象光学视程。

能见度在不同环境中大有不同，在空气特别干净的北极或是山区，能见度能够达到70~100 km，然而能见度通常由于大气污染以及湿气而有所降低。各地气象站报道的有霾或雾，能见度降低至零，这对于开船来说是非常危险的，同样在沙尘暴发生的沙漠地区以及有森林大火的地方驾车都是十分危险的。雷雨天气的暴雨不仅使能见度降低，同时由于地面湿滑而不能紧急制动，暴风雪天气也属于低能见度的范畴。

国际上对烟雾的能见度定义为不足1千米，薄雾的能见度为1~2千米，霾的能见度为2~5千米。

能见度的划分标准如下：

（1）能见度20~30千米，能见度极好，视野清晰。

（2）能见度15~25千米，能见度好，视野较清晰。

（3）能见度10~20千米，能见度一般。

（4）能见度5~15千米，能见度较差，视野不清晰。

（5）能见度1~10千米，轻雾，能见度差，视野不清晰。

（6）能见度0.3~1千米，大雾，能见度很差。

（7）能见度小于0.3千米，重雾，能见度极差。

（8）能见度小于0.1千米，浓雾，能见度极差。

当然，气象要素还远不止这些，以上仅是最主要的气象要素而已。一般地说，气象要素选择得越多，就越能客观地表达出大气的各种状况。

思考题：

1. 简述潮汐的定义。

2. 潮汐分哪几类？

3. 简述风级的划分。

4. 简述能见度的划分标准。

帆船离岸赛

参加帆船离岸赛是一件令人兴奋的事情，与其说是一次比赛，还不如说是一次冒险的旅行，一场精彩的离岸赛会让你回味无穷。要想在比赛中获得优异的成绩，除了平时的刻苦训练之外，比赛中技术的良好发挥和战术的合理运用是制胜的法宝，而在长距离的离岸赛中，安全航行至关重要。

第一节　离岸赛的等级

一、0级

跨洋比赛，船只通过气温或水温可能低于5℃的区域，船只必须完全自持非常长的航行时间，能够承受住强烈风暴，准备在无外援的情况下应付严重的紧急事件。

二、1级

离岸很远的长途竞赛，船只必须完全自持非常长的航行时间，能够承受住强烈风暴，准备在无外援的情况下应付严重的紧急事件。

三、2级

长时间单独航行，或不是太远离海岸线或在大的没有庇护的海湾、湖泊比赛，要求船只自持能力比较强。

四、3级

跨越开阔水域比赛，大部分区域相对有保护或是靠近海岸线。

五、4级

短途比赛，靠近岸边，水温相对暖和或是在受保护的水域，基本在白天比赛。

六、5级和6级

适用于较小型的龙骨帆船和稳向板小帆船，不适用于大帆船。

第二节　离岸赛的准备工作

一、运动员赛前训练

（一）运动员赛前技术训练

技术训练是取得成绩的基础，一条参加离岸赛的帆船上一般有12名参赛选手，每个选手的岗位不同，对技术的要求也各不相同。但作为一名优秀选手，他应该能胜任船上任何岗位的工作，然而做到这一点是非常不容易的。因此针对性地提高帆船运动员的专项能力是非常重要的，只有进行针对性的训练，才能提高各个岗位的能力，同时也提高了团队的整体实力。

运动员在赛前除了对起航、迎风、横风、顺风和绕标等技术进行训练之外，大风大浪、长距离和夜航等适应性的训练也必不可少。

另外，赛前训练要制订详细的科学的训练计划。训练计划是对未来训练过程预先做出的理论设计，描绘了运动员从现实状态向目标状态实现状态转移的道路。

训练计划的制订，可以使训练过程中的所有参与者了解训练的目标，并能在统一认识的基础上更好地贯彻实施。同时，训练计划的制订，把训练过程中的目标具体化为若干独立而又彼此联系的训练任务和训练形式，并进一步具体化为若干按特定要求进行的练习，运动员逐一地去完成这些练习，实现各个课次的训练任务和要求。

（二）运动员赛前体能训练

体能是基础，是技术发挥的保证。在帆船离岸赛中，由于比赛航线比较长，所用的时间也比较长，因此，对运动员体能要求更高。帆船运动员为了应对离岸赛长时的体能消耗，比赛前进行高强度的体能训练是必不可少的。

1. 全面身体素质训练。

全面身体素质训练是采取各种各样的手段和方法提高各项身体素质，改进身体形态，改善中枢神经系统及内脏器官的机能，使运动员能承担大运动量，保持良好的竞技状态，从而为更有效地进行专项身体素质训练和掌握专项技战术打下良好的基础。

全面身体素质训练包含速度素质训练、力量素质训练、耐力素质训练、灵敏素质训练和柔韧素质训练五个方面。

速度素质是指有机体快速运动的能力。速度素质分为反应速度、动作速度和移动速度。有机体速度的快慢取决于大脑皮层神经过程的灵活性和肌肉的收缩水平。因此，提高速度的基本途径是改善神经系统的反应能力，提高肌肉收缩的速度，增强肌肉力量，改善肌群的协调配合，提高动作之间的协调性。速度素质对帆船运动员很重要，如升帆、收帆、压舷、换舷等技术动作的完成，都需要有良好的速度能力。

力量素质是指肌肉在活动时克服阻力的能力。力量素质分为绝对力量、相对力量、速度力量和耐力力量。力量素质是帆船运动员提高运动技术的关键因素。

耐力素质指机体长时间运动的能力。耐力分为肌肉耐力和心血管耐力。肌肉耐力是肌肉长时间活动时，肌肉毛细血管网的扩展及神经装置对肌肉支配的能力。心血管耐力是长时间肌肉活动中，循环系统供氧和营养及排除代谢产物的能力。耐力素质是帆船运动员的重要素质。可采用持续训练法、重复训练法、间歇训练法和循环训练法进行训练。

灵敏素质是指机体通过视觉或听觉器官收到信号后，经过大脑思维反应过程，迅速做出协调，准确快速地改变机体或机体某部分运动和运动方向的能力。灵敏素质是由反应能力、力量、速度和协调性等多种素质组合而成的。帆船不管是在大风大浪中航行，还是在小风小浪中航行，帆船运动员都要有很好的灵敏素质，才能很好地操控帆船。

柔韧性素质是指机体各关节完成大幅度动作的能力。柔韧性的动作质量是由机体的关节韧带、关节囊、肌肉和皮肤的伸展能力和弹性，以及神经系统对肌肉收缩和放松的调节能力所决定的。帆船运动员柔韧性素质的提高，可以使韧带有良好的弹性和收缩性，并促进肌肉爆发能力，最大程度避免帆船运动员在海上拉伤。

2. 专项身体素质训练。

专项身体素质训练是指在训练中要以专项本身的动作和与专项特点、结构相似的练习，来发展专项素质，提高专项所需的各器官系统的机能，从而提高专项运动水平。

帆船专项身体训练的特点在有限度的范围内，依靠自身的体能，提高操作的能力。因此，提高帆船运动员的操作能力至关重要，要完成各个操作动作，就必须提高帆船运动员主要肌群的能力，如三角肌、前臂屈肌群、胸大肌、腹肌、股二头肌、小腿三头肌、跟腱和背阔肌等肌群的能力。

（三）团队磨合

参加离岸赛的运动员往往来自五湖四海，一个团队有12个人组成，每个人都有不同的想法和各自的技术特点，因此比赛前进行团队的磨合是非常重要的。

帆船比赛的过程其实就是减少失误的过程，谁失误少，谁就更可能最终获得比赛的胜利。离岸赛是漫长的，在漫长的时间里会发生很多很多的事情，出现很多很多的问题，有时候甚至危及生命。这时候团队里成员会对事情产生不同的观点，如果这时队友们不团结一致，事情会向不利的方向发展，最后造成比赛的失败，甚至是船只损坏或船员的伤亡。因此，团队的磨合不仅是技术上的磨合，更重要的是思想上的磨合。只有同心协力，才能解决好航行中出现的问题。问题解决了，船才能跑得快。

二、赛船准备

（一）船体养护

1. 船体上部。

对桅杆、桅顶、桅灯、前支索、侧支索、后支索、帆杆、斜拉器、夹绳器、绞盘、滑轮、滑轨、护栏等进行充分细致的检查，发现损坏要进行维修或更换。

2. 船体下部。

帆船的船底容易长有海洋生物、出现胶衣损坏或划痕，应定期上岸进行船底清理，上漆、上蜡和抛光处理，保持船底的光亮平滑，减少帆船在水中航行的阻力。

（二）发动机和发电机保养

对发动机和发电机进行保养，更换发动机的机油和一些旧损配件，检查发电机，看它是否正常运转。

（三）赛船安全设备的检查

（1）救生筏、救生衣和救生圈的检查。

特别是救生筏和救生衣的检查，要查看救生筏外形是否完好，是否在使用有效日

期内。救生衣小气瓶是否漏气，充气开头是否正常，是否在使用有效日期内等。

（2）应急无线电示位标和雷达应答器的检查。

邀请专业人员对应急无线电示位标、雷达应答器、甚高频无线电话和卫星电话设备进行检查，如果发现有问题，就要进行维修或更换。

（3）其他安全设备的检查。

对灭火器、烟火信号和烟雾信号的数量和使用有效日期进行检查，如果数量不够要进行添加，使用有效日期已经过期，要进行更换。

（四）赛帆和绳索的准备

根据离岸赛不同的等级，准备不同数量的主帆、前帆、球帆、风暴帆和修帆的装备，另外还要准备不同类型的充足的绳索，保证比赛过程中绳索的使用。同时也要准备一些不同型号的滑轮，以便在比赛中滑轮损坏时进行更换。

（五）工具箱的准备

检查工具箱的工具，并把工具备齐。

（六）备用锚、备用锚绳和水桶

准备一个备用锚和大约300米长的备用锚绳，防止主锚丢失时做应急使用。另外，准备三个容量约30升的水桶，当船底漏水时，它们会起到非常重要的作用。

（七）赛船通信设备与导航设备的检查

（1）赛船通信设备的检查。

检查台式甚高频无线电话和手持甚高频无线电话是否能正常使用，检查卫星电话通话是否正常。

（2）赛船导航设备的检查。

检查DBG系统（北斗卫星导航系统）、GPS系统、AIS系统、雷达和磁罗经的工作状态是否正常。

三、赛事信息

（1）竞赛通知。详细了解竞赛通知的内容和相关规定，为比赛做好充分的准备。

（2）赛事公告。及时了解赛事公告的内容，如有必要，可派专人负责这项工作。

（3）航行细则。组织船员认真学习，如有疑问，可咨询竞赛委员会。

第三节　离岸赛的航行计划

一、航点的设定

在3级以上的离岸赛中，由于比赛区域较大，布置实体标志很不现实，因此只能以坐标点作为比赛航点，如图11.1所示。

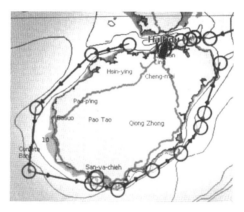

图11.1　航点设定

航点的设置方法：

（1）点开船上导航系统的显示屏；

（2）点击显示屏上的"航点"；

（3）输入航点坐标，编写航点名称；

（4）点击"确认"，如图11.2所示。

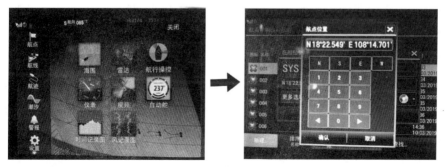

图11.2　航点设置方法

二、航线设计

航线设计的原则是安全和速度。首先在确保帆船安全顺利地抵达终点的前提下，再考虑帆船的速度。在安全的前提下获得最佳的航行速度，这才符合航线设计的原则。

帆船离岸赛中，航线设计是一项比较复杂和细致的工作，涉及知识面广，选择性和多变性强。由于帆船航行海域范围较大，每条帆船战略战术不同，选择航线也不同。

为了提高航线设计效果，增加航行的安全性和获得更好的船速，在选择航线时，一定要阅读大量的相关航海资料，了解所选择航线的气象、水纹等相关信息，对航线的全貌有一个深入的认识，设计出适合本条帆船的安全且快速到达终点的航线。丰富实航经验的积累，也可掌握某些航线的规律。在获取各种有利信息的情况下，才能做出最佳航线的选择，最终获得离岸赛的胜利。

三、帆船航线设计考虑的因素

（一）船员情况

航线设计时应考虑船员的整体素质和船员的技术状况。在离岸赛中，由于比赛的海域较广，不同海域的风力差别较大，船长要根据船员的整体素质和技术状况，选择一条符合本船航行的航线，而不是选择一条风力较大，但不能完成的航航。在暴风雨中航行是需要实力的，没有实力的船队永远到达不了彼岸。

（二）帆船结构强度

在离岸赛中，很多帆船大小不同，新旧不同，安全系数也不同，抗风浪能力有很大的差距，因此，在设计航线时，要根据帆船结构强度，设计合适本船航行的航线。

（三）航速

决定航速的两个因素是船员和船只。优良的船员团队加上优质的帆船，是获得速度的关键。在比赛中，最快到达终点的航线是最佳的航线。

（四）海水深度

由于参加离岸赛的帆船龙骨比较长，设计航线时，海水的深度是重点考虑的因素，如果某些区域的海水深度不够深，将造成帆船搁浅。

（五）离岸距离

离岸距离是根据帆船吃水的大小，风流影响的大小，能见度的高低，航程的长短，海图测绘的精度，海岸陡峭及危险物的分布，以及船员的技术水平和经验等因素而设定的。帆船的避让和转向点要留有足够的余地，在能见度良好的情况下，距陡峭无危险的海岸在2~3海里以上通过。在能见度较差的情况下，离岸或转向点保持在8~10海里以外。离岸或转向点越近，遇到意想不到的麻烦会多些，如渔船、渔网、海水养殖区，等等。

（六）转向点

转向点的选择要根据风区、风变、岛屿和山头等的情况而定，合理的转向点也是获得比赛胜利的关键。

第四节 离岸赛的船员岗位职责

帆船离岸赛的成员一般由12名船员组成，在夜间航行时可分成三个小组轮流进行值班，每个小组4个人，值班时间为3个小时。如果是顺风航行，可分成两个小组，每个小组6个人轮流进行值班操作。因为在强风的夜晚，顺风的操作难度增大，特别是球帆的升降需要更多的人手，所以要增加值班操作的人数。如果缩帆航行，或升起风暴帆航行，要减少值班人员和值班时间，增加值班频次，让船员保持充足的体力，减少船员因体力消耗引起精神不集中而导致受伤或发生意外。

夜间航行的帆船经常会被渔网勾住，因此，要安排船员进行瞭望，并随时准备好手电筒和水手刀，以便帆船被渔网勾住后，及时进行处理。

泳镜、面镜和潜水设备是必带的设备，帆船在长距离航行中，龙骨和舵叶经常会被渔网或垃圾勾住，处理这些东西需要在水下待比较长的时间，这些设备就发挥重要的作用。

第五节 离岸赛中的夜间航行或雾天航行

一、离岸赛中的夜间航行或雾天航行

在离岸赛中，帆船要进行夜间航行或雾天航行，相对白天或晴天航行来说难度增加，稍有不慎，就易发生事故。在能见度不良的夜里或雾里，物标在相当近的距离内

也难以辨认，特别是在下雨的夜晚，或在大雾天，海上不点灯的小船、自划艇等很难发现，甚至连航标灯也不易看清楚，给帆船安全航行带来很大考验。

二、离岸赛夜间航行注意事项

（1）对海况、水深分布情况、障碍物、岸嘴、岸标、浮标位置等均应熟悉。

（2）对航行中可供转向或核对船位的天然物标，如山角、凸岸、灯塔等的形状、位置及晚间特征等，也应完全掌握，以便在黑夜中利用这些物标进行转向。

（3）熟记各地和各标之间的航向和距离。

（4）开启雷达引航，但必须正确识别图形，什么亮点是浮标，什么亮点是船舶等等。

（5）采用夜光较好的优质望远镜。

（6）驾驶台内保持黑暗，避免其他光亮的干扰。

（7）接班前，应先在黑暗中停留片刻，使视觉适应于黑暗中视物。

（8）晚上如需查阅有关资料或记录航行日志时，须用不耀眼的弱光或红光，使眼睛在黑暗中视物不受影响。

（9）甲板上随手可及的地方放有手电筒和头灯。

（10）两名以上的值班船员身上带有水手刀。

（11）常用的工具如老虎钳、尖嘴钳和螺丝刀等放在甲板上的工具袋里。

（12）每个船员都穿好救生衣，甲板上的船员要把船用安全吊带的一头扣在救生衣的钢环上，另一头扣在甲板的安全绳上，防止夜间船员不小心滑倒掉进大海。

三、帆船雾天航行注意事项

（1）驾驶人员应掌握各航段的特点，随时注意雾况变化。

（2）开启航行灯。

（3）观察航标和显注物标，正确运用罗经，做好应变的准备。

（4）正确鸣放声号，按海上避碰规则的规定，以每次不超过2分钟的间隔鸣放气笛。

（5）所有值班人员要坚守岗位，加强瞭望，并做好应急准备。

（6）开启雷达，派专人进行雷达观测，随时报告观测情况。

（7）正确使用雷达、VHF、AIS等助导航设施，及时与过往船只联系，做好避让。

第六节　离岸赛中在恶劣天气下的航行

一、提前做好准备

如果恶劣天气即将来临，要提前做好应对的准备。判断天气系统的移动轨迹，并且制定预案。如果船队不能应对恶劣天气，就驾驶帆船到庇护的水域进行庇护，等待机会再继续航行。

向船员通报可能的天气情况、持续时间和对策。如达到需使用风暴帆的程度时，减少值班人员，缩短值班轮换时间可以减少在甲板上受伤的可能。

二、船员值班

为了对抗长时间的恶劣天气，制定一个值班表，船员需要保持暖和、干燥、正常进食和休息充足。

在大风来临之前，应做到以下几点：

（1）增加船只检查的频次，抽干船底的水，检查受力区域；

（2）考虑减少甲板上的值班人数，这样能让更多的人员得到庇护，这让他们在岗时会更有效率；

（3）确保甲板上的人员穿好救生衣和安全吊带；

（4）在风力变强之前和船员开会并列举各种应对方式和策略；

（5）让船员休息，有经验的先休息；

（6）喝足够的水，吃晕船药。

三、在甲板上

（1）检查安全工具，检查甲板设备和索具有无故障，包括有否松脱或者丢失插销或卸扣；

（2）绑好甲板安全索，移除甲板上的帆和大物件，把所有工具设备安全收纳好；

（3）关闭所有甲板通风口，关上并固定好舱柜、舱口和舷窗，防止水倒灌；

（4）紧闭锚舱，如果难以固定就考虑将锚移走；

（5）确保驾驶舱排水孔通畅，装好扶梯口挡水板；

（6）准备用帆计划并充分讨论各种预案。

四、甲板下面

（1）所有设备固定存放，重要物品用塑料袋或防水袋储存；

（2）给电池充好电，装好遮挡布或遮挡板；

（3）吃一餐，给身体补充能量。

五、迎风航行时

迎风航行时你会直接面对波涛，需要强大的团队和坚固的帆船，才能承受强劲的海浪和狂风打击。尽量避免拍浪，拍浪对船速影响很大，也会对船体造成损坏。穿过浪谷时保持舵效，否则船可能会横向面对下一个浪。应该避免正横对浪，帆船正横对浪有可能被击倒，所以你可以选择迎着或者背离海浪航行。

六、顺风航行时

顺风航行船体相对拍击减少，这会使你在恶劣天气中航行更久。如果在缩帆的情况下很难控制帆船，采用暴风帆会更好。航行中必须集中精力控制速度，以免速度太快在不当的时机冲过波峰，或者速度太慢，让大浪盖到船上。

当帆船或者船员丧失能力时，把所有的船帆降下休整，有时这是唯一的选择。

第七节　离岸赛中应急情况的处理

一、火灾

帆船发生火灾的概率虽然较低，但我们也要对帆船发生火灾的风险和预防引起足够的重视。帆船船体大多数采用玻璃钢材料制造，着火燃烧时会产生大量有毒烟雾并迅速蔓延。

发生火灾的三要素是空气、燃料和维持燃烧的热量，所以屏蔽掉其中任意一要素，火将被熄灭。

（一）火灾的分类

（1）A类火灾：指固体物质火灾，如木材、纸张、棉等火灾。

（2）B类火灾：指液体或可熔化的固体物质火灾，如汽油、柴油、沥青、塑料等火灾。

（3）C类火灾：指气体火灾。如煤气、天然气、甲烷、乙烷、丙烷、氢气等火灾。

（4）D类火灾：指金属火灾。如钾、钠、镁、钛、锆、锂、铝镁合金等火灾。

（5）E类火灾：指带电火灾。物体带电燃烧的火灾。

（6）F类火灾：指烹饪器具内的烹饪物火灾。

（二）粉灭火器的使用

船上常用的灭火器有干粉灭火器、泡沫灭火器和惰性气体灭火器。

（1）干粉灭火器内干粉是各种化学物质的混合物，具有腐蚀性并且很难清理。

（2）泡沫灭火器能阻隔空气并由泡沫中的水分蒸发而冷却火焰，低黏性使得泡沫能够在液体上散布开来，在散布的过程中起到了灭火的作用。在灭液体火焰时，泡沫不应该直对着火苗，而是应该对着任何垂直表面从而使泡沫持续向下流，这样便会形成了一个泡沫毯子覆盖在火焰上。

（3）惰性气体灭火常被用于发动机隔舱灭火，但是要求通风口关闭从而阻止空气进入使火势更大。

（4）灭火毯对于厨房中油脂着火很有效果，将灭火毯放在靠近炉灶的地方，当锅起火时，你可随手拿到。

（三）灭火器的位置

将灭火器放在离舱室和出口近的地方，确保起火时能够有逃生通道。如果一个舱室没有两条逃生通道，那么要考虑安放灭火器及一个烟雾报警器。在甲板柜中安放一个大的灭火器，

在驾驶区的柜子里储放一个用来装各种喷雾器和高度易燃物的箱子，这样在发生火灾时就会便于把它扔掉。

（四）灭火器需要检查和维护

通常情况下，灭火器的压力表可以指示出灭火器的基本可用状态。灭火器要求每过几年进行一次气体释放，重新充气或是更换。

其实我们真正要做的是要防止火灾的出现，而不是如何去灭火。为预防帆船火

灾，我们要注意以下几点：

（1）需谨慎处理各类油类产品，并避免在风浪大时进行烹饪。

（2）确保燃气管道始终处于良好的状态，并经常检查，不使用时，关闭气罐阀门。

（3）在船上安装可燃气体探测器，并确保储气罐区域通风良好。

（4）每次启动发动机前，注意检查油箱和输油管是否泄漏，在长时间的离岸赛中，也要经常检查。

（5）禁止在船舱内吸烟。

二、船体漏洞

在航程中，一旦发现了漏洞，先将进水速度降到最低，然后开始泵水，并尝试去修补漏洞。帆套可以用来从船体外面堵住漏洞，用帆将帆套捆绑在合适的位置堵住漏洞并且用绞盘将其勒紧。将一面帆捆好并卷紧堵在漏洞上，并塞上帆套，也能有效。

如果漏洞位于水线上，尝试迎风换舷来让船倾斜并将漏洞升离水面。船上备有两个容量约30升的大水桶，防止漏洞过大而泵水不及的情况下，帮助把船舱内的水打出。

将船排干水脱离紧急情况的一种方法是，将发动机或是发电机上的进水口从海底阀上分离下来，然后通过排气口用发动机将水泵出船外，但要在进水管末端安装一个临时过滤器来防止损坏叶轮。

三、船舵故障

船舵故障时降下所有的帆，用海锚或是浮锚将船稳在海上，检查舵盘和操纵联动装置是否有异物或坏零件导致机械失灵，查看进水情况以防舵管是漏的。

（一）备用舵柄

备用舵柄应该放在储物柜里，使用时可以通过甲板上的开孔插在操纵臂顶端，通常要求舵柄向后安装，这样才能有效地使用。

（二）应急舵的制作

在长距离的离岸赛中通常携带一个应急舵，并安装在船艉板上预固定的舵架上，用舵柄操纵。应急舵可以做成类似一个赛艇单舵桨，将内舱门固定到球帆杆外端作为一个舵叶就行。

舵柄长度应当是舵叶宽度的3倍，舵柄绑在后支索或船艉护栏上，水中的部分可能会浮起，需要一根下拉绳索从舵的前缘经船底连接到船头，来使它保持没在水中，以保持舵效。

（三）无舵航行

在无舵的情况下，可以通过调帆与调整船的平衡可以操控船的航向，方法如下：

（1）主帆会让帆船迎风偏转；

（2）前帆会让帆船顺风偏转；

（3）向下风倾斜会使船迎风偏转；

（4）向上风倾斜会使船顺风偏转；

（5）要顺风偏转时，松主帆的同时收紧前帆，或者松主帆的同时让前帆反受风。

四、桅杆和帆杆折断

当桅杆和帆杆折断时，检查船员受伤情况，确保船上的工具齐全，进行应急维修。收集损坏的部件，因为在制作应急帆具时它们是非常有用的。关闭船上的电源，使桅杆灯、仪器和雷达绝缘。

第八节　弃　船

当帆船碰撞、触礁，船体损坏情况严重，大量进水并且即将沉没时，或当帆船在海上失火爆炸且火势失去控制时，为了保障所有船上人员的生命安全必须弃船。

不要太早弃船，要与船在一起，弃船越晚，被救的机会就越大。要尽你全部努力让船保持漂浮，一艘大帆船，即使是慢慢下沉的船，仍然更容易被发现，船上有补给食品和安全装备能帮助你获救。

只有船长才能下令弃船，当弃船命令或信号发出后，船上人员应服从指挥，保持良好秩序，按照应变部署执行弃船任务。

弃船信号发出后，全体船上人员应尽快往甲板集合，并做以下准备：

（1）适当加穿衣服，在寒冷气候中还要戴上手套、厚袜、帽子等防止体热散失；

（2）在穿好的衣服上迅速穿妥救生衣，以略紧为好；

（3）收集毛毯、衣服等保护物。

弃船信号发出后，指定的人员须携带下列各项物品进入救生艇筏：

（1）航海日志；

（2）应急包；

（3）视觉遇难信号；

（4）防水手持对讲机；

（5）各种帆船证书、文件等重要证件；

（6）淡水和食物。

弃船时，要打开救生筏，船员迅速有秩序地登上救生筏，身体尽量不要沾水，因为水带走身体热量的速度比空气快20倍。在弃船的过程中，如果不小心从航行的船上落水，你应做到如下几点：

（1）尽量保持冷静的头脑和清晰的思维；

（2）抓住船员抛来的救生圈或任何浮具；

（3）后背转向波浪，可以减少浪花进入气管的可能；

（4）拉紧领口、袖口和裤腿；

（5）屈膝，双手环抱膝盖，减少身体暴露在海水中的面积；

（6）利用救生衣上的口哨和反光条向船只指示方位。

弃船时，不到万不得已不要跳入水中，特别是冷水，在最初几分钟内会使血压、心跳和呼吸频率急剧升高。游动、挥手或拍打会增加心脏压力，提高了猝发心脏病和中风的概率。船员应慢慢下水，但如果需要跳入水中，应采取正确的方法，并选择好跳水点，在水中要保持正确的姿势。

慢慢下水：

（1）检查你的救生衣的调节扣，收紧胯带；

（2）为救生衣充气，即使有自动充气功能；

（3）收紧夹克的袖口和裤子的裤口把空气保持在内，减慢水流入；

（4）慢慢下水。爬阶梯下或压低身体下水以减少低温刺激。

如果你只能跳入水中：

（1）确认水面没有障碍物；

（2）进入水中会导致救生衣往上滑，有可能伤到你的面部和颈部；

（3）用一只手抓救生衣并往下拉，另一只手捏着你的鼻子盖住你的嘴巴；

（4）直视正前方，迈一大步跳进水中；

（5）如果其他人也在弃船，转动身体并迅速离开该区域；

（6）如果有其他人在水里没有救生筏，就用安全吊带把大家连起来。

跳水点的选择：

（1）高度不超过5米的地方；

（2）尽量选择上风舷，远离船体破损的缺口，帆船倾斜时应选择在低舷一侧；

（3）跳水前注意查看水面，避开水面障碍物或其他落水者。

水中要保持正确的姿势：

在冷水中，身体可能会猛烈颤抖甚至感到全身疼痛，这只是人体在冷水中一种本能的反应，没有死亡的危险。水中求生技术可采取减少散热的姿势（HELP）和聚集姿势，这两种姿势都是为了保持身体热量。反面证据表明这些技术只能在理想情况下有效，寒冷、海浪和水花等的影响会极大地抑制它们的效果。

减少散热姿势（HELP）：

在水中蜷曲身体，把膝盖弯到胸前，曲臂抱住救生衣，如图11.3所示。在冷水中这样做，只能在低温对肌肉产生影响前的短时间内有效，之后很难维持姿势。

图11.3　减少散热姿势　　　　　图11.4　水中聚集姿势

聚集姿势：

幸存者集中在一起，如图11.4所示。显然不可避免地有人会面向波浪，所以需要轮流换位置。集合起来增强信念并使搜寻目标增大，用安全吊带把大家连起来。

鳄鱼式游泳：

鳄鱼式游泳技术能让几个泳者连在一起并游过水域，对于拖带伤者去救生筏特别有用。背部着水，用腿夹住伤者的腹部，手划水游向救生筏。

长时间浸泡或游泳在低温海水中最容易引起肌肉痉挛，俗称"抽筋"。容易发生抽筋的部位是小腿、大腿和脚趾。一旦出现抽筋，千万不要惊慌，可以先深吸一口气，把头向前弯入水中，四肢放松下垂，慢慢用力按摩和拉伸抽筋部位。如果上述方法不

见效，应再深吸气仰浮水面，用抽筋肢体对侧的手握住抽筋的部位，并用力往自己身体方向拉伸，同时用同侧的手掌压住抽筋肢体的膝盖上，帮助伸直抽筋肢体。拉伸可反复进行，即使是严重的抽筋也会得到缓解。抽筋症状缓解后，应进行深呼吸休息一段时间，使身体的肌肉得到充分的放松。

对没有穿救生衣的落水者来说，最适宜的漂浮姿态是仰浮，其优点是动作慢、运动量小、体力消耗少，能较持久地坚持在海面上待救，能使眼、口鼻都始终保持在水面上，不仅呼吸方便，且视界开阔、便于观察。船只沉没后一般有物品漂浮在海面上，应尽快捞获，并利用其中安全可靠的做成漂浮物，保持在水中的漂浮，等待救援。

在夜间或休息时，多名落水人员应采取减少散热的姿势环抱在一起等待施救。落水人员围成环形，以手臂互相扣住稳定，中间环抱一人或多人，可以是轮流休息者，也可以是身体较虚弱者或出现不适者。减少散热姿势能减少体热的散失，延长落水者的生存时间，同时这种方式还能增大在海上搜救行动中被发现的概率。采用此姿势要注意，环抱中的人员应尽可能地增加相互间的身体接触面积，但不可以用绳子把同伴紧紧地系结起来。由于多人在一起漂浮求生，夜间相拥在一起的几人可以只打开一盏救生衣灯。

落水者应注意如下问题：

（1）除仰浮和仰泳，不宜采用运动量较大和体力消耗大的游泳方式如蛙泳、自由泳；

（2）当接近过往船舶时，应采取立泳，并将双手举出水面摆动；

（3）除非已被过往船舶发现，否则不应游泳去追赶航行中的船舶；

（4）在水中感到疲倦想睡觉时，必须设法保持清醒；

（5）落水者之间要相互照应，相互勉励。要有被救的决心和信心，水中坚持的时间越长，获救的机会就越大。实践证明，落水者求生意志的强弱会产生完全不同的效果。

救生筏下水：

（1）确保救生筏的系绳紧紧绑在大船的一个牢固的固定点上；

（2）去掉救生筏包装带或绑带；

（3）确保水中没有障碍物；

（4）将救生筏投放入水中，通常在下风一侧；

（5）拉住救生筏系绳直到它被展开，然后猛拽一下，释放二氧化碳充气；

（6）救生筏应该在30秒内充满气，但是在较冷的气候下可能耗时较长。

进入救生筏：

（1）最强壮的人员应当率先登上救生筏，稳住筏子并帮助他人；

（2）满载的救生筏更平稳，坐在上风处来降低反扣的可能性，除非需要援助他人登筏；

（3）登上救生筏时保持干燥，除非别无选择，否则不要下海；

（4）不要从任何高度跳入救生筏，这会给你、筏上的其他人和救生筏本身带来受伤和受损的风险；

（5）如果救生筏与船相连却不能被拖到船的侧面，用快挂扣在救生筏的系绳上，顺着系绳爬到救生筏上；

（6）下水时，慢慢爬下梯子，脚先入水；

（7）到达救生筏时，用一只手臂勾住救生筏外的安全绳。

帮助伤员登筏：

（1）背部着水，用腿夹住伤员的上腹部，将伤员拖带到救生筏旁。用手臂划水游向救生筏；

（2）在救生筏的一个入口附近，存有救生绳圈，可以将其抛给水中的人员；

（3）将伤员背部对着救生筏入口；

（4）两个人面对面跨坐在救生筏入口处的气囊上；

（5）抓住伤员救生衣的底部；

（6）身体向救生筏内部倾斜并向上提伤员，这样所有身体重量可以像杠杆一样把伤员撬进救生筏。

在救生筏内：

（1）切断系筏绳。

帮助幸存者登上救生筏。尽量从靠近遇难船只的地方切断系筏绳，因为绳子以后也许会有用。划桨离开船边或障碍物。

（2）放浮锚。

一旦离开障碍物，放置浮锚。浮锚可以减缓救生筏漂离其他幸存者和遇险水域，它们的设计能让救生筏入口保持在下风位置并使救生筏稳定。通常，一个备用的浮锚会存放在应急生存包里，可以作为拖缆使用，或把多个救生筏绑在一起以方便搜寻。

（3）关闭救生筏入口。

关闭入口可以保持热度并隔绝海水，将地板充气以减少热量流失。经常给救生筏排气，减少因呼气而累积的二氧化碳，或救生衣和救生筏泄出的二氧化碳。

（4）维护。

往外舀水并用海绵吸水。把气泵和应急设备同救生筏绑在一起以防丢失。检查漏水并使用应急生存包内提供的维修工具。

救生筏内求生：

（1）轮流点名。

确定所有人登上救生筏或在其他救生筏上，记录可以值班的人员数量、伤员数量和筏内的人有何专长。

（2）晕船。

晕船会摧垮求生意志和增加脱水危险。救生筏会让最好的水手晕船，幸存者需要保持精神上和身体上健康来进行求生，所以尽早服用晕船药。

（3）受伤的幸存者。

对受伤的幸存者施救，救生筏装有带说明书的急救箱，先检查不出声的伤员。

（4）排水。

排干救生筏内的水可以最大限度地保持温暖和舒适。筏内有2块海绵，一块用于汲水，另外一块用于擦抹冷凝水来增加水的储备。

（5）取暖。

聚集在一起，但要保证救生筏整理妥当。条件允许时，脱掉救生衣，将其用作额外隔温坐垫。

（6）后续行动。

之前的行动可以应对幸存者当前的威胁，接下来必须建立一个救生筏上求生的例行程序。

（7）求生意志。

求生意志是人在求生时的一条特别重要的因素，事实证明有着强烈求生意志的人，才能克服难以想象的困难。

（8）领导者。

船长通常担当领导者，领导者必须保持士气和信心，如果船长存在严重的玩忽职守，或惊慌失措，可以选举其他船员来接替他。

（9）物品。

检查应急生存包来确定还有多少物品。把大家口袋里从船上带来的物品摆在一起，把怕接触水的物品用袋子装好，并悬挂在救生筏内顶上或放在防水袋里。每次只使用手机、无线对讲机、GPS、个人无线应急示位标（EPIRB）中的一种，延长有效使用时间，白天将灯关掉。

（10）尖锐物品。

收集尖锐物品或潜在武器，这些东西会损伤救生筏或对团队不利。

（11）简报和手册。

向幸存者讲解救生筏各装置的使用方法，准备好安全装备并训练如何使用，救生筏使用手册包含了对求生行为的指导。

（12）例行工作。

例行工作和职责可以帮助大家让自己和救生筏支撑下去，这包括了口粮管理人、瞭望手、维修小组和排水员等，轮换岗位，增加变化并限制特权。

（13）值班。

值班最好每班两人一组，时间不太长，一人瞭望外面，另一人守望筏内。筏内守望者负责排水、除湿、通风、检修浮力气囊、照顾受伤人员、收集雨水和看管装备。

（14）排尿。

鼓励所有人随时排尿以避免将来由憋尿导致的问题，憋尿会引起腹部疼痛。膀胱内的尿液无助于减少身体脱水，有些晕船药物的一个副作用是排尿困难。

（15）水和食物。

第一个24小时内，不应发放任何食物和水，除非给尚有意识的伤员。当孩子遭受了严重的体液流失后可能需要早一些发给口粮。分发水和食物要在每日的固定时间，日出、中午、日落，公平分配对维持士气很重要。

（16）阳光蒸发器。

阳光蒸发器可以凝结海水以产生淡水，可以买到它们并将其放在应急手包里，或临时制作。

将蒸发器放在阳光下。浸透海水的衣服受热，冷凝水从衣服上升起，碰到塑料，凝结，然后滴落到空容器里来提供淡水。

（17）海水淡化器。

手持淡化器通过一个叫作反渗透的过程过滤海水来制造淡水。使用手持泵对盐水加压，通过一个非常细的只允许水分子通过而阻碍盐分子通过的过滤器以过滤盐水。

（18）水分流失的后果。

水分流失对人会造成严重后果。体重的5%的水分流失会导致头痛、轻微头晕、敏感易怒及皮肤失去弹性；体重的8%~10%的水分流失可以引起头昏眼花、意识模糊、呼吸加速、身体发麻、幻觉和神志昏迷；体重的15%~20%的水分流失可以导致死亡。

辅助搜救地点定位：

将定位设备准备好，聚集所有救生筏以增大目标。启动无线应急示位标（EPIRB）并与救生筏系在一起。挂起充气式雷达反射器或雷达搜救收发器（SART），不要两者同时使用，因为雷达反射器会阻挡或减小SART的效能。想方设法

将SART挂在筏外边，并且尽可能高。焰火可以提供精确的位置，VHF无线电用来建立船到救生筏的通信。

第九节　事故报告

事故报告是船舶在航行中或停泊中发生碰撞、失火、触礁、搁浅等海损事故后，发生事故的船舶向该国的港口管理机构、海事管理机构或事故调查专业机构提交的有关事故情况的书面报告。所有国家都要求必须报告严重的海事事故，事故报告是向保险人进行索赔的依据，也是对外交涉、仲裁和诉讼的重要文件。事故报告必须是真实的，对事故不得隐瞒或捏造。

事故报告的内容如下：

（1）船名、船舶及人员证书、船舶所有人/经营人/代理人的名称和地址；

（2）当事人信息、职业、职务及证书和其他资格证书，获证时间、地点、海上服务资历、住址、联系电话等；

（3）船舶设施概况和主要性能数据；

（4）事故发生的航次、航线；

（5）事故发生的气象、海况；

（6）事故发生的时间、地点、详细经过（碰撞事故应附示意图），与事故发生有关联的全部事件；

（7）事故发生后的搜寻、救助情况，最终人员伤亡和船舶、设施的损害情况（附船舶、设施受损害部位简图，难于在规定时间内查清的，应在检验后补报；船舶、设施沉没的，其沉没概位）；

（8）与事故有关的其他情况；

（9）船长必须在其所申报文书和附件上签字和加盖船章，并应有不少于两个见证人的签字。

思考题：

1.离岸赛的等级如何划分？

2.简述离岸赛中团队磨合的重要性。

3. 如何对参加离岸赛的帆船进行检查?

4. 离岸赛中航线设计要考虑的因素有哪些?

5. 帆船在恶劣天气下航行时应注意哪些问题?

6. 弃船时如果不小心落入水中应该怎么办?

7. 弃船时救生筏如何下水?

8. 弃船后如何在救生筏内求生?

9. 事故报告的内容有哪些?

2021—2024帆船竞赛规则（简）

第十二章

竞赛信号

下面是对视觉和音响信号含义的说明。一个向上或向下指的箭头（↑↓）意为一个视觉信号的展示或移除。一个点（·）意为一声音响信号；5个半字线（-----）意为重复的音响信号；一个一字线（—）意为一声长音响信号。当一个视觉信号在一面级别旗、组别旗、项目旗或竞赛区域旗之上展示时，该信号只适用于那个级别、组别、项目或竞赛区域。

推迟信号：

AP旗：推迟未起航的竞赛。移除后1分钟发出预告信号，除非那时竞赛再次被推迟或放弃。

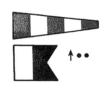

AP旗在H旗之上：推迟未起航的竞赛。岸上等信号。

AP旗在A旗之上：推迟未起航的竞赛。今天没有竞赛了。

AP旗在1～9中一个数字的三角旗之上：

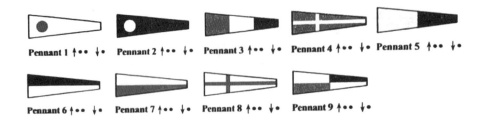

比排定的起航时间推迟1~9小时。

190

放弃信号　　　　　　　　　　　　　　　　　　安全

↑●●●　↓　　　↑●●●　　　↑●●●　　　↑—

N旗：放弃所有　　N旗在H旗之　　N旗在A旗之　　V旗：守听安
已起航的竞赛。　上：放弃所　　上：放弃所　　全指令的通信
回到起航区。移　有的竞赛，　　有竞赛，今　　频道（见规则
除后1分钟发出　岸上等信号。　天没有竞赛　　37）
预告信号，除非　　　　　　　　了。
那时竞赛再次被
放弃或推迟。

准备信号

↑●　↓—　　↑●　↓—　　↑●　↓—　　↑●　↓—　　↑●　↓—

P旗：准　　I旗：规则　　Z旗：规则　　U旗：规则　　黑旗：规则
备信号。　　30.1生效。　　30.2生效。　　30.3生效。　　30.4生效

召回信号　　　　　　　　　　　　　　　　缩短航线

↑●　　　　↑●●●　↓●　　　　↑●●

X旗：个别召回。　代一旗：全部召回。移除　　S旗：缩短航线。
　　　　　　　　后1分钟发出预告信号。　　规则32.2生效。

改变下一个航段：

C旗：下一　　向右边改　　向左边改　　减小航段　　增加航段
个标志的位　变；　　　变。　　　的长度；　　的长度。
置改变了；

其他信号：

L旗：在岸上展示：
贴出了一个选手通
知。在水上展示：
靠近或跟随这条船。

M旗：展示此信号的
物体代替了一个丢失
的标志。

Y旗：穿戴个人助浮
装备（见规则40）。

（无音响）

（无音响）

橙旗：展示这面旗的
旗杆是起航线的一端。

蓝旗：展示这面旗的
旗杆是终点线的一端。

定义

放弃：被竞赛委员会或抗议委员会放弃的一轮竞赛是无效的，但是可以重赛。

明显在后、明显在前、相联：当一条船的船体和其处于正常位置的器材位于另一条船船体和其处于正常位置的器材的最后一点的正横线之后，该船为明显在后。另一条船为明显在前。当没有任何一条船为明显在后时，她们为相联。但是，当她们中间有一条船跟她俩均相联时，这两条船也相联。这些术语总是适用于相同舷风的船。除非规则18适用或两船同真风风向的角度均大于90°，否则这些术语不适用于相对舷风的船。

利益冲突：一个人如果有以下情况，就有利益冲突：

（a）所做的决定可能会导致其获利或损失，

（b）可能会出现影响其保持公正能力的个人利益或经济利益，或者

（c）在一个裁决中有密切的个人利益。

飞驰：船处于从一个标志上风通过并从规定的一侧离开此标志而无需换舷的位置时，即该船为正在飞驰此标志。

到达终点：当一条船在起航后，船体的任一部分从航线一侧越过终点线即为到达终点。但是，如果在越过终点线后她有如下情况，则为没有到达终点：

（a）根据规则44.2做解脱，

（b）改正在终点线上犯的行驶航线的错误，或者

（c）继续行驶航线。

避让：如果符合以下条件，一条船就避让了一条航行权船：

（a）航行权船不需要采取躲避行动就可以行驶在其航线上，并且

（b）当两条船相联时，航行权船在两个方向上都能改变航线而不会立刻造成接触。

下风和上风：船的下风边就是离开风的那一边，她到正顶风时，就是此前离开风的那一边。但当背风航行或正顺风航行时，她的下风边就是其主帆所在的一边。另外一边为其上风边。当两条船同舷风相联时，处在一条船的下风边的船是下风船，这条船是上风船。

标志/标：航行细则规定船从特定一侧驶离的物体，由可航行水域包围的、由此延伸出起航线或终点线的竞赛委员会船舶，以及有意附着在此物体或船舶上的物体。但是，锚绳不是标志的一部分。

绕标空间：船从规定一侧驶离标志时所需的空间。也包括：

（a）当她的正当航线是需要驶近标志时，行驶到标志的空间，以及

（b）行驶航线而不碰标时所需要的绕行或通过标志的空间。但是，对于一条船来说，绕标空间不包括其迎风换舷的空间，除非该船在需要给予她绕标空间的船的内侧和上风与之相联，而且在迎风换舷后该船将飞驰该标志。

障碍物：船正在直接驶向一个物体并且距其一倍船长时，若她不明显改变航线就不能通过的物体。只能从一侧安全通过的物体和航行细则中特指的物体、区域或线也可作为障碍物。但是，正在竞赛的船对其他船不构成障碍物，除非这些船需要避让她，或规则22适用时，躲避她。正在行驶的各种船舶，包括正在竞赛的船，永远不是连续障碍物。

一方：（译者注：译文中本术语的复数形式以斜体或粗斜体"各方"表示）审理的一方，

（a）对于抗议审理，是抗议者，被抗议者；

（b）对于补偿审理，是提出补偿要求或被要求补偿的船；是根据规则60.3（b）考虑补偿而为其召集审理的船；是按规则60.2（b）行动的竞赛委员会；是按规则60.4（b）行动的技术委员会；

（c）对于依规则62.1（a）的补偿审理，是被指控有不当行为或疏漏的主体；

（d）是被指控违反规则69.1（a）的人；是根据规则69.2（e）（1）提出指控的人；

（e）是根据规则60.3（d）或69接受审理的后援人员；是受该人员支持的船；是根据规则60.3（d）被指定去指控违规过程的人。

但抗议委员会从来都不作为一方。

推迟：推迟的竞赛是在排定的起航前被延迟，但随后可以开始或放弃的竞赛。

正当航线：在使用该术语的规则中提到的其他船只不存在的前提下，选择去行驶航线并尽快到达终点的那条航线。船在起航信号前没有正当航线。

抗议：由船、竞赛委员会、技术委员会或抗议委员会根据规则
61.2所提出的关于某条船违反规则的指控。

竞赛：竞赛是指船从其准备信号开始直至她到达终点并完全离开终点线和标志或退出，或直至竞赛委员会发出全部召回、推迟或放弃信号。

空间：船在现有条件下以正常的方式快速进行航行操作所需的空间，包括履行规则第二章和规则31的义务所需要的空间。

规则：

（a）本书中的规则，包括定义、竞赛信号、导言、各章前言和有关的附录规则，但不包括标题；

（b）被世界帆联指定为具有规则地位并发布在世界帆联网站上的世界帆联规章；

（c）国家或地区管理机构的规定，除非竞赛通知或航行细则对其做出了更改，此更改要符合国家或地区管理机构规定中针对规则88.2的规定（如果有的话）；

（d）级别规则（对于以让分或评级办法进行竞赛的船来说，该办法中的规则就是"级别规则"）；

（e）竞赛通知；

（f）航行细则；以及

（g）所有该赛事执行的其他文件。

行驶航线：只要代表船只从准备起航一侧靠近起航线去起航直至其到达终点的轨迹的那条线被拉紧时，满足以下条件，即为行驶航线：

（a）从规定的一侧按照正确的顺序通过该轮竞赛航线的每个标志，

（b）触及航行细则中指定的每个绕行的标志，以及

（c）从上一个标志来的航线的方向，在两个门标之间通过。

起航：在起航信号发出时或发出后，船体完全位于起航线准备区一侧并且遵守了规则30.1（如果采用该规则），其船体的任何部分从起航准备区一侧向航线一侧越过起航线即为起航。

后援人员：满足以下条件的任何人：

（a）提供，或可以为选手提供有形的或咨询类的支持，包括教练、陪练、管理人员、后勤人员、医务人员、护理人员，或者其他与选手一起工作、治疗或协助选手做比赛准备工作的人员，或者

（b）选手的父母或者监护人。

舷风、右舷或左舷：船的舷风边、右舷或左舷是与其上风边一致的。

标区：离标志最近的船的3倍船长的标志周围区域。当船体的任何部分在此标区内即为该船在此标区内。

基本原则

体育道德与规则

帆船运动选手要自觉遵守所执行的全部规则。体育道德的基本原则是当船违反某条规则并未被免责时应尽快接受恰当的惩罚或采取行动，这可能是退出竞赛。

环保责任

鼓励参与者将帆船运动对环境的不利影响最小化。

第一章　基本规则

1 安全

1.1 援助处于危险中的船或人员

船、选手或后援人员须对处于危险中的任何人员或船舶给予一切尽可能的援助。

1.2 救生器材和个人助浮装备

每条船须为船上所有的人员携带足够的救生器材，包括一件待命应急使用的设备，除非该船级别规则另有规定。穿用符合条件的个人助浮装备是每位选手的个人责任。

2 公平航行

船及其船东须按照公认的体育道德和公平竞赛的原则进行比赛。船只有在被清晰地确定违背了这些原则时方可以因本规则受到惩罚。违反本规则的判罚须是不能去掉的取消资格（DNE）。

3 参赛的决定

决定是否参加竞赛或继续竞赛是该船自己的责任。

4 接受规则

4.1

（a）参加或准备参加执行规则的赛事，每位选手和船东即同意接受规则。

（b）后援人员提供支持，或父母和监护人允许其子女参加一场赛事，即同意接受规则。

4.2 每位选手和船东代表其后援人员同意这些后援人员受规则的约束。

4.3 接受规则包括同意：

（a）受规则的约束；

（b）接受强制的判罚和其他根据规则采取的行动，包括其中所规定的上诉和审核程序的约束，作为由规则而生的任何问题的最终决议；

（c）尊重任何诸如此类的决议，不诉诸规则中未规定的任何法院或特别法庭；同时

（d）每位选手和船东要确保其后援人员都清楚了解规则。

4.4 船只负责人须确保该船的所有选手和船东了解在本条规则下他们要承担的责任。

4.5 本规则可以根据场馆所在地国家或地区管理机构的规定进行更改。

5 约束组织机构和竞赛官员的规则

在赛事的组织和执裁中，组织机构、竞赛委员会、技术委员会、抗议委员会和其他竞赛官员须受规则的约束。

6 世界帆联规章

6.1 每名选手、船东和后援人员须遵守世界帆联指定的具有规则地位的世界帆联规章。截至2020年6月30日，这些世界帆联的规章包括：

·广告守则

·反兴奋剂守则

·博彩和反腐败守则

·纪律守则

· 资格法规

· 选手分类法规

6.2 除非涉嫌违反的规章允许抗议，否则规则63.1不适用。

第二章 船只相遇时

第二章的规则适用于在竞赛场地区域内或场地区域附近航行及准备竞赛、正在竞赛或一直在竞赛的船之间。然而，除了事件造成受伤或者严重损坏时的规则14，或除规则23.1外，不参加竞赛的船不得因违反这些规则中的某一条而受到惩罚。

一条按照这些规则航行的船与一艘未按这些规则航行的船舶相遇时，须遵守《国际海上避碰规则（IRPCAS）》或航行权的政府规定。如果竞赛通知中做出了这样的说明，那么，IRPCAS或航行权的政府规定将替代第二章的规则。

A节 航行权

当另一条船需要避让这一条船时，这条船对另一条船拥有航行权。但是，B节、C节和D节中的部分规则对航行权船的行为有所限制。

10 相对舷风

当船相对舷风行驶时，左舷船须避让右舷船。

11 同舷风、相联

当船同舷风相联行驶时，上风船须避让下风船。

12 同舷风、不相联

当船同舷风但不相联时，明显在后的船须避让明显在前的船。

13 迎风换舷时

一条船越过正顶风后，在行驶至近迎风航线上之前，须避让其他船。在这期间规则10、11和12不适用。如果两条船同时受本规则约束，在另一条船的左舷或在后的船须避让。

B节 一般限制

14 避免接触

若合理可行,一条船须避免与另外一条船接触。但是,航行权船、行驶在她享有的空间或绕标空间内的船,在另外一条船明显地不避让或不给予空间或绕标空间前,无需采取避免接触的行为。

15 获取航行权

当一条船获取航行权时,她须于开始时给予另外一条船避让的空间,除非该船是因另外那条船的行为而获得航行权。

16 改变航线

16.1 当航行权船改变航线时,她须给予另外一条船空间去避让。

16.2 另外,在驶向上风的迎风航段上,一条左舷船以从右舷船船尾通过的方式避让时,如果右舷船顺风偏转会造成左舷船必须马上改变航线继续避让,那么,右舷船就不得顺风偏转。

17 同舷风;正当航线

如果一条明显在后的船在其2倍船长间距内在一条同舷风船的下风变成相联关系,当她们在此间距内仍保持同舷风和相联时,她不得高于其正当航线,除非在这样做时她迅即行驶到另一条船的船尾后面。如果相联开始建立时,上风船被要求根据规则13避让,此规则就不适用。

C节 在标志和障碍物旁

从船驶近被航行水域环绕的起航标志或其锚绳去起航,直至通过它们,C节的规则不适用。

18 绕标空间

18.1 规则18适用时

当船被要求以同侧离开标志,并且至少其中一条船在标区内时,规则18在她们之间适用。然而,其不适用于:

(a)在驶向上风的迎风航段上,相对舷风行驶的船之间,

(b)当其中仅一条船在标旁的正当航线是去迎风换舷时,相对舷风的两船之间,

(c)在一条正驶近标志的船和一条正离开标志的船之间,或者

（d）如果标志是一个连续障碍物，这种情况下规则19适用。规则18不再适用于已经给予了绕标空间的两船之间。

18.2　给予绕标空间

（a）当两船相联时，外侧船须给予内侧船绕标空间，除非规则18.2（b）适用。

（b）如果两船相联，其中第一条船到达标区时，此时的外侧船此后须给予内侧船绕标空间。如果一条船到达标区时明显在前，此时明显在后的船此后须给予绕标空间。

（c）当一条船需要根据规则18.2（b）给予绕标空间时，

（1）即使之后相联被打破或者新的相联建立，她须继续这样做：

（2）如果她在享有绕标空间的船内侧变成相联，在保持相联期间，仍须给予对方行驶正当航线的空间。

（d）如果享有绕标空间的船越过了正顶风或离开了标区，规则18.2（b）和（c）停止适用。

（e）如果对船是否及时建立或打破了相联存有合理的怀疑，须假定其没有。

（f）如果一条船从明显在后或通过迎风换舷至另一条船上风的方式建立内侧相联，自相联开始起，若外侧船已经不能够给予绕标空间，她就不必给予绕标空间。

18.3　在标区内越过正顶风

如果一条船在以左舷一侧离开的标志的标区内从左舷越过正顶风至右舷后飞驰该标志，她不得造成进入标区时已经是右舷的船高于近迎风行驶来避免接触，而且，如果那条船在她内侧变成相联，她须给予绕标空间。当此规则适用于两船之间时，规则18.2在她们之间就不适用。

18.4　顺风换舷

当一条内侧相联的航行权船在标志旁必须顺风换舷来行驶她的正当航线时，顺风换舷前她离标志的距离不得远于行驶那个航线所需的距离。在门标时，规则18.4不适用。

19　通过障碍物的空间

19.1　规则19适用时

规则19适用于在障碍物旁的两船之间，以下情况除外：

（a）当障碍物是一个标志时，两船被要求从同一侧驶离，或

（b）当规则18适用于两船之间时，该障碍物是另一条与她俩分别相联的船。

然而，在通过连续障碍物时，规则19总是适用，而规则18却不适用。

19.2 在障碍物旁给予空间

（a）航行权船可以选择从任意一侧通过障碍物。

（b）当船相联时，外侧船须给予内侧船在她和障碍物之间的空间，除非从相联开始的时候她已经做不到这一点。

（c）当船正在通过一个连续障碍物时，如果一条明显在后需要进行避让的船在另一条船和障碍物之间变成相联，在相联开始时刻，若没有她可通过的空间，

（1）根据规则19.2（b），她无权享有空间，并且

（2）当两船保持相联时，她须避让，规则10和11不适用。

20 障碍物旁迎风换舷的空间

20.1 呼喊

船可以呼喊要求迎风换舷并躲避另一条同舷风船的空间。但是，除以下情况外，她不得呼喊：

（a）她正在接近一个障碍物而且很快需要明显改变航线来安全地躲避它，和

（b）她正在近迎风或者高于近迎风航行。

此外，如果障碍物是一个标志，而一条飞驰它的船会因为该呼喊而需要改变航线，她就不得呼喊。

20.2 回应

（a）一条船呼喊后，她须给予被呼喊的船时间以回应。

（b）即使呼喊违反了规则20.1，被呼喊的船也须做出回应。

（c）被呼喊的船须尽快通过迎风换舷，或立即回答"你迎风换舷"来回应并且给予呼喊的船迎风换舷和躲避她的空间。

（d）当被呼喊的船做出回应，呼喊的船须尽快迎风换舷。

（e）从船呼喊的那一刻起，直到其完成换舷并躲避了被呼喊的船为止，规则18.2在她们之间不适用。

20.3 向另一条船传递呼喊

当一条船被呼喊迎风换舷的空间并且她也打算做迎风换舷来回应呼喊时，她可以呼喊另一条与其同舷风的给予迎风换舷并躲避她的空间。即使她的呼喊不符合规则20.1的条件，她也可以呼喊。规则20.2在她和被她呼喊的那条船之间适用。

20.4 呼喊的附加要求

（a）在可能听不到呼喊的情况下，船还须发出清晰表明其需要迎风换舷空间或其回应的信号。

（b）竞赛通知可以规定一条船表明其需要迎风换舷空间或其回应的替代沟通方式，并要求参赛船使用。

D节 其他规则

当规则21或22适用于两船之间时，A节规则不适用。

21 起航失误；解脱；帆反受风

21.1 起航信号发出后向起航线或者其两端延长线的准备区一侧航行去起航的船，或执行规则30.1的船须避让没有这样做的船直至自己的船体完全处于起航准备区一侧。

21.2 正在做解脱的船须避让其他没有在做解脱的船。

21.3 通过让帆反受风使船相对于水体向后移动或向上风横移的船须避让没有这样做的船。

22 倾覆、抛锚或搁浅；救援

一条船如有可能须躲避倾覆的船或倾覆后未能重新获得操纵能力的船，躲避抛锚或搁浅的船，以及正在帮助处在危险中的人或船舶的船。当船的桅顶在水中时即为倾覆。

23 妨碍另外一条船

23.1 若合理可行的话，不参加竞赛的船不得妨碍正在竞赛的船。

23.2 若合理可行的话，一条船不得妨碍正在做解脱的船，不得妨碍航行在另外一个航段上的船或规则21.1所描述的船。但是，起航信号发出后，该规则不适用于正在行驶正当航线的船。

第三章 竞赛的实施

25 竞赛通知、航行细则和信号

25.1 竞赛通知须在报名前提供给每条报名参赛的船。航行细则须在竞赛开始前提供给每条参赛船。

25.2 除根据规则86.1（b）外，竞赛信号中所述的视觉和音响信号的含义不得改变。任何其他可能使用的信号含义须在竞赛通知或航行细则中说明。

25.3 当竞赛委员会需要展示一面旗帜作为视觉信号时，可使用一面旗帜或其他近似外观的物体。

26 竞赛起航

竞赛起航须使用下列信号。计时须以视觉信号为准，音响信号的缺失不必理会。

起航信号前时间（分钟）	视觉信号	音响信号	含义
5*	级别旗	一声	预告信号
4	P，I，Z，Z和I，U旗，或黑旗	一声	准备信号
1	移除准备信号	一长声	1分钟
0	移除级别旗	一声	起航信号

*或按竞赛通知或航行细则中的规定

后续每个级别竞赛的预告信号须与前一个级别的起航信号同时或在其之后发出。

27 起航信号前竞赛委员会的其他行动

27.1 如果航行细则中未规定航线，竞赛委员会须不晚于预告信号用信号通知或其他方法指明要行驶的航线，可以用一个航线信号代替另外一个，并发出要求穿着个人助浮装备的信号（展示Y旗并伴随一声音响）。

27.2 竞赛委员会可以在不晚于准备信号时移动起航标志。

27.3 起航信号之前，竞赛委员会可以因任何理由推迟竞赛（展示AP旗、AP旗在H旗之上或AP旗在A旗之上，并伴随两声音响）或放弃竞赛（展示N旗在H旗之上或N旗在A旗之上，并伴随三声音响）。

28 行驶竞赛航线

28.1 船须先起航，行驶航线，然后到达终点。在这个过程中，可以在不具有标示所行驶航段的起始、边界或结束功能的标志的任意一侧离开。到达终点后她不需要完全通过终点线。

28.2 船可以改正行驶航线中的任何错误，前提是其没有通过终点线到达终点。

29 召回

29.1 个别召回

当起航信号发出时，一条船船体的任何一部分处于起航线的航线一侧或她必须遵守规则30.1时，竞赛委员会须迅即展示X旗并伴随一声音响。该旗须展示至所有这样的船的船体完全处于起航线或其中一端延长线的起航准备区一侧，当规则30.1适用时，展示至所有这样的船都遵守了此规则时，但展示时间不得晚于起航信号发出后4分钟或下一起航信号前1分钟，以这两个时刻先到的那个为准。如果规则29.2、30.3或30.4适用，则本规则不适用。

29.2 全部召回

当起航信号发出时，竞赛委员会无法识别位于起航线的航线一侧的船或规则30适用的那些船，或起航程序有误时，竞赛委员会可以发出全部召回信号（展示代一旗并伴随两声音响）。被全部召回的级别的新的起航预告信号须在代一旗移除（一声音响）后1分钟发出，后续所有级别的起航须跟随在这个新的起航之后。

30 起航惩罚

30.1 I旗规则

如果I旗已经展示，当一条船在其起航信号发出前的最后1分钟内，船体的任何一部分处于起航线或其其中一端延长线的航线一侧，她须驶过一端的延长线，使船体完全返回起航准备区一侧再去起航。

30.2 Z旗规则

如果Z旗已经展示，当一条船在其起航信号发出前的最后1分钟内，船体的任何部分不得处于起航线两端与第一个标志形成的三角区域内。若某船违反了本规则并被识别，无须审理，她须被处以规则44.3（c）规定的20%的计分惩罚。除非该轮竞赛在起航信号发出前被推迟或放弃，否则即使该轮竞赛再次起航或重新竞赛，此惩罚仍有效。如果在同一轮竞赛的再次起航过程中，她同样被识别出有相似行为，她须被再加20%的计分惩罚。

30.3 U旗规则

如果U旗已经展示，当一条船在其起航信号发出前的最后1分钟内，船体的任何部分不得处于起航线两端和第一个标志形成的三角区域内。若某船违反了本规则并被识别，无须审理，她须被记为取消资格，但该轮竞赛再次起航或重新竞赛的情况除外。

30.4 黑旗规则

如果黑旗已经展示，当一条船在其起航信号发出前的最后1分钟内，船体的任何部分不得处于起航线两端与第一个标志形成的三角区域内。若某船违反了本规则并被识别，无须审理，她须被记为取消资格，除非在起航信号发出前该轮竞赛被推迟或放弃，否则即使该轮竞赛再次起航或重新竞赛，此判罚仍有效。如在起航信号后发出全

部召回或放弃竞赛的信号，竞赛委员会须在该轮竞赛的下一个预告信号前展示该船帆号，如果该轮竞赛再次起航或重新竞赛，她不得在其中参与竞赛。如果她参加了，她的取消资格不得从系列赛计分中去掉。

31 碰标

竞赛时，船在起航前不得触碰起点标志，以及不得触碰标示她正在行驶的航段的起始、边界和结束的标志，并且到达终点后也不得触碰终点标志。

32 起航后缩短航线或放弃竞赛

32.1 起航信号发出后，竞赛委员会可以因下列情况而缩短航线（展示S旗并伴随两声音响）或放弃竞赛（展示N旗，或N旗在H或A旗之上，并伴随三声音响）：

（a）恶劣天气，

（b）风力不足，使得任何一条船不可能在竞赛时限内到达终点，

（c）标志丢失或移位，或者

（d）有直接影响比赛安全或公平的任何其他理由。

此外，竞赛委员会可以缩短航线以便日程排定的其他竞赛可以进行，或者因起航流程中的错误而放弃本轮竞赛。但是，如果当一条船起航，行驶航线，并在时限内（如果有的话）到达终点后，竞赛委员会不得在未考虑该轮竞赛或系列赛中所有船的结果的前提下放弃该轮竞赛。

32.2 如果竞赛委员会发出了缩短航线的信号（展示S旗并伴随两声音响），则终点线：

（a）在一个绕行的标志处，须在该标志与展示S旗的旗杆之间；

（b）须为航线要求船通过的一条线；或者

（c）在门标处，须在两个门标之间。

缩短航线的信号须在第一条船通过终点线之前发出。

33 改变航线的下一航段

船在竞赛时，竞赛委员会可以从一个绕行的标志或者门标开始改变航线的一个航段，方法是改变下一个标志（或终点线）的位置并在所有船开始这个航段前用信号通知她们。下一标志无需在那时就位。

（a）如果将改变航段的方向，信号须是展示C旗并伴随重复音响，并且用下面的

一种或两种方法一起展示：

（1）新的罗径方位，

（2）一个绿色的三角形表示改变至右舷，或是一个红色的长方形表示改变至左舷。

（b）如果将改变航段的长度，信号须是展示C旗并伴随重复音响，并且用"-"表示将减少长度，或用"＋"表示将增加长度。

（c）为保持整个航线的形状，可以改变后续航段而不用再发信号。

34 标志丢失

船在竞赛时，若一个标志丢失或移位，如有可能，竞赛委员会须：

（a）把标志重新放到正确的位置，或用新的相似外观的标志代替，或

（b）由一个展示M旗的物体代替并伴随重复音响。

35 竞赛时限和计分

若一条船起航，行驶航线，并在那一轮竞赛的时间限制内（如果有的话）到达终点，除非竞赛被放弃，否则所有到达终点的船须按到达终点的顺序计分。如果没有船在竞赛时限内到达终点，竞赛委员会须放弃该轮竞赛。

36 重新起航或重新竞赛

如果一轮竞赛重新起航或重新竞赛，在那一轮原先的竞赛，或之前任何一次的重新起航或重新竞赛中的违反规则，都不得

（a）禁止某条船竞赛，除非她违反了规则30.4；或

（b）导致一条船被判罚，除非她违反了规则2、30.2、30.4或69，或违反规则14时造成了损伤或严重损坏。

37 搜救指令

当竞赛委员会展示V旗并伴随一声音响时，如有可能，所有参赛船、官员船和后援船艇须守听竞赛委员会通信频道的搜救指令。

第四章　竞赛时的其他规定

规则第四章只适用于竞赛的船，除非规则另有说明。

A节　一般要求

40 个人助浮装备

40.1 基本规则

当通过规则40.2适用规则40.1时，除了暂时更换、调整衣物或个人器材外，每位选手须穿戴个人助浮装备。干式或湿式保暖服不是个人助浮装备。

40.2 规则40.1适用时

规则40.1，

（a）如果在预告信号发出之前或同时在水上展示Y旗并伴随一声音响，则适用于那一轮竞赛；或

（b）如果在岸上展示Y旗并伴随一声音响，则适用于当天所有水上时段。

然而，当竞赛通知或航行细则做出这样的规定时，规则40.1才适用。

41 外部援助

一条船不得从任何外部途径接受援助，以下情况例外：

（a）援助生病、受伤或处于危险中的选手；

（b）碰撞后，另一条船舶上的船员为摆脱接触而提供的援助；

（c）所有船都可随意获取的信息形式的帮助；

（d）非利益方主动提供的信息，可能会来自同一轮竞赛中的另一条船。

42 推进

42.1 基本规则

除规则42.3或规则45允许的情况外，一条船在比赛中须仅利用风和水来增加、保持或降低船的速度。其船员可以调整帆和船体并采用其他的海上操作动作，但不得以其他方式移动身体去推进船只。

42.2 禁止的行为

在不限制运用规则42.1的情况下，下列行为被禁止：

（a）摇帆：利用收帆并松帆或上下左右晃动身体来反复扇动某面帆；

（b）摇船：通过下述动作使船反复横摇：

（1）身体的移动，

（2）对帆或稳向板的反复调节，或

（3）转向；

（c）前冲：身体突然前移、突然停止；

（d）摇舵：用力地或者能推进船体向前或阻止其向后运动的舵的反复运动；

（e）反复进行与风变或战术考虑无关的迎风换舷或顺风换舷。

42.3 例外

（a）可以横摇船只协助转向。

（b）船员可以移动身体加剧横摇，帮助转向去完成迎风换舷或顺风换舷，前提是在刚好完成换舷后，船速不超过未做换舷时应有的速度。

（c）在有可能冲浪（在浪的前方突然加速下滑）、滑行或使用水翼时，

（1）为了启动冲浪或滑行，可以收拉任意帆，但每面帆每一个涌浪或一次阵风只能拉动一次，或

（2）为了启动水翼航行，可以拉动任意帆数次。

（d）当一条船处在高于近迎风航线上不动或移动缓慢时，她可以摇舵转向一条近迎风航线。

（e）如果帆骨反扣了，船上的船员可以摇帆直至帆骨不再反扣。如果该行为明显推动了该船，就不被允许。

（f）船可以反复移动舵来减速。

（g）援助处在危险中的个人或其他船舶时，任何推进方式均可采用。

（h）船在搁浅或与另外一条船或物体碰撞后，可借用本船或另外一条船舶上船员的力量和除发动机之外的任何器材使船脱离困境。然而，可以通过规则42.3（i）来允许使用发动机。

（i）航行细则可以规定在特定的情况下，允许使用发动机或其他方式提供的推进，前提是该船在该轮竞赛中没有明显获益。

注：规则42的解释在世界帆联网站上可以查询或要求函寄。

43 免责

43.1

（a）当一条船因为违反规则而迫使另外一条船讳反规则时，另外这条船的该项违规被免责。

（b）当一条船航行在其享有的空间或绕标空间内时，因与一条需要给她空间或绕标空间的船发生的事件而导致她违反规则第二章A节，规则15、16或31时，她的这些违规被免责。

（c）一条航行权船或航行在所享有的空间或绕标空间内的船违反了规则14，若接触没有造成损坏或损伤，则该违规被免责。

43.2 一条违反规则而被免责的船无需做解脱，且不得因违反那条规则而被判罚。

44 事件发生时的惩罚

44.1 解脱

船在竞赛中可能违反了规则第二章的一条或多条规则时，她可以做一个两圈解脱。当她可能违反规则31时可以做一个一圈解脱。或者，竞赛通知或航行细则可以规定使用分数惩罚或其他惩罚方法，这种情况下，所规定的惩罚方法须替换一圈或者两圈解脱。然而，

（a）当一条船在同一事件中可能违反了规则第二章和规则31时，她无需因为违反规则31做解脱；

（b）如果船造成了损伤或严重损坏，或尽管做了解脱，但由于犯规而在该轮竞赛或系列赛中明显获益，对她的惩罚须为退出竞赛。

44.2 一圈和两圈解脱

船在事件发生后尽快完全避让其他船后，做一个一圈或两圈解脱，方式为迅即在同一方向做被要求次数的转圈，每一圈包括一个迎风换舷和一个顺风换舷。在终点线上或终点线附近做解脱的船，在其到达终点前，她的船体须完全位于终点线的航线一侧。

44.3 分数惩罚

（a）接受分数惩罚的船要在事件发生后的第一合理时机展示黄旗。

（b）当一条船已经接受了分数惩罚，她须展示黄旗直至到达终点，并且在到达终点线时提醒竞赛委员会关注它。此时，她还须通知竞赛委员会涉及该事件中的另一条船的身份。如不可行，她须在抗议时限内第一合理时机做到。

（c）接受分数惩罚的船的竞赛分数须为其没有收到惩罚前得到的分数加上竞赛通知或航行细则中规定的名次得出的更差分数。当没有规定加罚的名次数时，该罚分须为没有到达终点所对应的分数的20%（四舍五入取整数）。其他船的分数不得被改变；因此，两条船可能有相同的分数。但是，罚分不得导致该船分数差于没有到达终点所对应的分数。

45 拖船上岸；系留；抛锚

船须在准备信号发出后浮于水上并解开系泊索。之后她不得被拖上岸或系留，除非是在排空舱底水、缩帆或维修时。她可以抛锚，或者船员可以站在水底。在继续竞赛前她须起锚，除非她办不到。

46 负责人

船上须有一名由给该船报名的成员或组织指定的负责人。参见规则75。

47 垃圾处理

选手和后援人员不得故意往水中丢垃圾。该条规则适用于整个在水上的时段。违反该条规则的判罚可以轻于取消资格。

B节器材–相关要求

48 器材和船员的限制

48.1 在准备信号发出时，船须只使用船上的器材。

48.2 除因伤病、救援处在危险中的个人和船舶或游泳外，船上的人员不得故意离开。因意外或游泳离开船的船员须在船员将船恢复驶往下一个标志前返回接触到船。

49 船员位置；安全护栏

49.1 除使用吊裤和大腿下穿着的硬质撑片外，选手不得使用任何使身体置于船舷外的装置。

49.2 当级别规则或其他规则要求有安全护栏时，除短时执行一项必要的任务外，选手不得将其躯干的任何部分置于安全护栏之外。在装有上和下安全护栏的船上，选手面向舷外坐着，腰部在下安全护栏内侧时，可以将身体上半部分探出到上安全护栏外。安全护栏须是拉紧的，除非级别规则或其他规则规定了护栏索的最大松偏度。如果级别规则没有规定安全护栏的材质和最小直径，其须遵守《世界帆联离岸赛特别规则》中的相应规定。

注：那些规则可以在世界帆联网站上查到。

50 选手的服装与器材

50.1

（a）选手不得穿着或携带意在增加自己体重的服装或器材。

（b）此外，一位选手的服装和器材不得超过8千克，不包括压舷裤或吊裤，以及仅穿着在膝盖以下的服装（包括鞋袜）。级别规则或竞赛通知可以规定更低的重量或不超过10千克的更高重量。级别规则可以把鞋袜和其他穿着在膝盖以下的服装包括在此重量内。压舷裤或吊裤须有正浮力且重量不得超过2千克，除非级别规则可以规定高达4千克的更大重量。重量须根据附录H的要求决定。

（c）选手穿着的可以用吊索来悬挂的吊裤须为符合ISO10862的各种快速释放装置，能够使选手随时从挂钩或其他连接方式上脱开。级别规则可以更改这条规则，以允许吊裤是非快速释放装置，但是级别规则不可以更改快速释放吊裤要符合ISO 10862

的要求。

注：规则50.1（c）自2023年1月1日起生效。

50.2 规则50.1（b）和50.1（c）不适用于需要配备安全护栏的船。

51 可移动的压舱物

所有可移动的压舱物须合理放置，包括未升起的帆。不得移动压舱水、固定配重或压舱物来达到改变船的平衡或稳定性的目的。船舱底板、隔舱板、门、梯子和水箱须放置到位，并且所有舱室设施都须保留在船上。但是，可以排出舱底积水。

52 人力

船的固定索具、活动索具、杆具及可移动的船体附属物须仅依靠船员的人力来调整和操作。

53 船的表面摩擦

船不得排出或释放出某种物质，比如聚合物，也不得有能够改善边界层内水流特性的特殊质地的船体表面。

54 前支索和前帆前角

前支索和前帆前角须大致被固定在船的中心线上，不在近迎风航行时的球帆支索除外。

55 升帆和操帆

55.1 换帆

在更换前帆或球帆时，替换帆在被替换帆降下之前可以全部升起并调好。但是，一次仅能使用一面主帆，并且除了换帆外，一次仅能使用一面球帆。

55.2 球帆杆；球帆底边撑杆

除顺风换舷外，一次仅能使用一根球帆杆或球帆底边撑杆（译者注：此处特指一端与桅杆连接，另一端与球帆后角连接的杆状物）。使用时，它须被固定在最前面的桅杆上。

55.3 操帆

若帆缭越过或穿过在某一点对缭绳或帆后角施加向外张力的装置来操帆，当船处于直立状态时，从该点引出的垂直线落在了船体或甲板的外边，就不允许，除非：

（a）前帆后角（按照《帆船器材规则》中的定义）可以连接到球帆底边撑杆上，前提是球帆没有升起；

（b）任何帆都可以用帆杆或绑在帆杆上方来进行操帆，这个帆杆通常为张帆所用，并永久性地连接在张挂工作帆帆顶的桅杆上；

（c）前帆可以用自己的迎风换舷时无需调节的帆杆来操帆；并且

（d）一面帆的帆杆可以连接到船尾撑杆上来操帆。

55.4 前帆和球帆

对于规则54、55和附录G而言，须使用《帆船器材规则》中的"前帆"和"球帆"定义。

注：《帆船器材规则》可在世界帆联网站上查阅。

56 雾中信号与灯光；分道通航制

56.1 当有如此配置时，船须按照《国际海上避碰规则（IRPCAS）》或适用的政府规定发出雾中音响信号和灯光。

56.2 船须遵守IRPCAS中的第10条规则，分道通航制。注：附录TS，分道通航制，可以在世界帆联网站上查询。竞赛通知可以更改规则56.2，规定附录TS的A节、B节或C节适用。

第五章 抗议、补偿、审理、品行不端和上诉

本书之前版本中的抗议表已经被另外两个表所替代，审理要求表和审理裁决表。不同板式的新表格可以在世界帆联网站sailing.org / racingrules / documents上查询，可以下载并打印。

注意，RRS没有要求使用特定的表格。

欢迎有关这些表格的建议与改善，请发送至rules@sailing.org。

A节 抗议；补偿；规则69的行动

60 抗议的权利；要求补偿的权利或规则69的行动

60.1 一条船可以

（a）抗议另外一条船，但对涉嫌违反规则第二章或规则31的抗议只能当其自己是当事船或目睹事件时才能提出；

（b）要求补偿；或

（c）向抗议委员会报告，要求按规则60.3（d）或69.2（b）采取行动。

60.2 竞赛委员会可以

（a）抗议一条船，但不能因为从一份补偿要求、一份无效的抗议或船只代表之外的有利益冲突的人的报告中获得的信息而提出抗议；

（b）要求给予某条船补偿；或

（c）向抗议委员会报告，要求按规则60.3（d）或69.2（b）采取行动。

60.3 抗议委员会可以

（a）抗议一条船，但不能因为从一份补偿要求、一份无效的抗议或船只代表之外的有利益冲突的人的报告中获得的信息而提出抗议。但是，可以在下列情况时对一条船提出抗议：

（1）如果了解到涉及她的事件中可能已经导致受伤或严重损坏，或

（2）如果在审理一个有效抗议时，了解到该船虽不是审理的一方，但也涉及该事件并有可能违反了规则；

（b）召集审理考虑给予补偿；

（c）按规则69.2（b）采取行动；或

（d）基于自身的观察或任何渠道获得的信息，包括审理过程中得到的证据，召集审理，考虑后援人员是否已经违反规则。

60.4 技术委员会可以

（a）抗议一条船，但不能因为从一份补偿要求、一份无效的抗议或船只代表之外的有利益冲突的人的报告中获得的信息而提出抗议。但是，如果它确认了某条船或个人器材没有遵守级别规则或规则50，它须抗议这条船；

（b）为一条船要求补偿；或

（c）向抗议委员会报告，要求按规则60.3（d）或69.2（b）采取行动。

60.5 然而，任何船或委员会都不可以就涉嫌违反规则69或规则6涉及的规章提出抗议，除非规章本身允许。

61 对抗议的要求

61.1 通知被抗议人

（a）抗议船须在第一合理时机通知另外一条船。当她的抗议是涉及在竞赛区域内的事件时，她须呼喊"抗议"并每次在第一合理时机明显地展示一面红旗。她须将这面旗展示到她不再竞赛为止。但是，

（1）如果另外一条船远于可呼喊距离，抗议船无需呼喊，但须在第一合理时机通

212

知那条船；

（2）如果抗议船的船体长度短于6米，则无需展示红旗；

（3）如果该事件是另一条船所犯的行驶航线的错误，她不需要呼喊或展示红旗，但是她须在另外一条船到达终点前或在其到达终点后的第一合理时机告知该船；

（4）如果在事件发生时，对于抗议船而言，明显地任何一方的船员处于危险中，或事件造成了损伤或严重损坏，此条规则的要求对她不适用，但是她须尽力在规则61.3规定的时限内通知另外那条船。

（b）如果竞赛委员会、技术委员会或抗议委员会有意抗议一条与该委员会在竞赛区域观察到的事件有关的船，须在该轮赛后，在规则61.3所规定的抗议时限内通知该船。其他情况下，委员会须尽可能早的告知该船其将被抗议。在恰当的时限内张贴在官方公告栏上的通知是符合此要求的。

（c）如果抗议委员会决定根据规则60.3（a）（2）向一条船提出抗议，须尽可能早地通知该船，关停当下的审理，按照规则61.2和63的要求进行，并将原抗议和新抗议一同审理。

61.2 抗议内容

抗议须以书面形式提出并指明：

（a）抗议者和被抗议者；

（b）事件；

（c）事件发生的时间和地点；

（d）抗议者认为违反的规则；和

（e）抗议者代表的姓名。

但是，如已满足（b）项要求，可在审理前任何时间满足（a）项要求，在审理前或审理中满足（d）项和（e）项要求。也可以在审理前或者审理中满足（c）项要求，前提是给了了被抗议者合理的时间来为审理做准备。

61.3 抗议时限

一个由船或竞赛委员会、技术委员会或抗议委员会提出的关于其在竞赛水域观察到的事件的抗议，须在航行细则规定的抗议时限内递交到竞赛办公室。如未注明时限，该时限为该轮竞赛最后一条船到达终点后2个小时。其他抗议须不晚于抗议者收到相关信息后2小时内递交到竞赛办公室。若理由充足，抗议委员会须延长此时间。

62 补偿

62.1 补偿的要求或抗议委员会考虑补偿的决定须基于如下要求或可能，即一船因

非自身失误，在一轮竞赛或系列赛中的得分或名次已经或可能因以下原因明显变差：

（a）赛事的竞赛委员会、抗议委员会、组织机构或技术委员会有不当行为或疏忽，但不是船作为审理一方时由抗议委员会做出的裁决；

（b）另外一条违反规则第二章并接受了适当的惩罚或被判罚的船的行为，或一条需要避让的不参加竞赛或根据IRPCAS或政府航行权规则确定为有过错的船舶的行为造成了受伤或有形损坏；

（c）根据规则1.1提供帮助（对自己或对自己的船员除外）；或

（d）一条船或那条船的船员或后援人员的行为导致根据规则2被判罚或根据69被判罚或警告。

62.2 补偿要求须以书面形式提出并写明要求补偿的原因。如果要求是基于在竞赛区域发生的事件，补偿要求须在不晚于抗议时限或在事件发生后的2小时内提交到竞赛办公室，以后到的时间为准。其他的补偿要求须在得知要求补偿的原因后尽可能快地提交。若理由充足，抗议委员会须延长此时间。不要求展示红旗。

但是，在日程排定的最后一个竞赛日，基于抗议委员会裁决的补偿要求须不晚于裁决张贴后30分钟递交。

B节 审理和裁决

63 审理

63.1 审理的要求

船或选手不得在没有抗议审理的情况下被判罚，规则30.2、30.3、30.4、64.4（d）、64.5（b）、64.6、69、78.2、A5.1和P2的情况例外。在没有审理的情况下不得对补偿做出裁决。抗议委员会须审理所有已经递交到竞赛办公室的抗议和补偿的要求，除非其允许撤销某个抗议或要求。

63.2 审理的时间和地点；各方准备的时间

审理的时间和地点须通知到参加审理的各方，并且他们须能拿到抗议或补偿的信息或指控，还须给予他们合理的时间为审理做好准备。当两个或多个审理出自同一事件或联系非常紧密的事件时，可以合并审理。但是，根据规则69进行的审理不得与任何其他类型的审理合并。

63.3 出席的权利

（a）各方的代表都有权出席对所有证据的审理过程。当抗议声称有违反第二、第三或第四章中某条规则时，事件发生时船的代表须在船上，除非抗议委员会有适当的理由另行决定。除抗议委员会的成员外，所有证人除在提供证据时，不得在场。

（b）如果审理的一方未参加审理，抗议委员会仍然可以开始审理。如果有一方不可避免地缺席审理，委员会可以重新审理。

63.4 利益冲突

（a）抗议委员会成员一旦意识到存在利益冲突，须尽快声明。认为一名抗议委员会成员存在利益冲突的审理的一方须尽快提出反对意见。抗议委员会的成员所做的利益冲突声明须包含在规则65.2规定的书面信息中。

（b）有利益冲突的抗议委员会成员不得作为该审理委员会的一员，除非

（1）各方都同意，或

（2）抗议委员会认定这个利益冲突并不突出。

（c）在判断利益冲突是否突出时，抗议委员会须考虑各方的意见、冲突的程度、赛事的等级、对各方的重要性以及整体公平性。

（d）但是，对于世界帆联的主要赛事，或者赛事举办地国家或地区管理机构规定的其他赛事，规则63.4（b）不适用，同时，有利益冲突的人不得作为抗议委员会的成员。

63.5 抗议或补偿要求的有效性

审理开始时，抗议委员会须核实其认为必要的一切证据来决定其是否符合抗议或者补偿的所有要求。如果符合，则抗议或补偿要求有效，须继续审理。如果不符合，抗议委员会须宣布抗议或补偿要求无效并关停审理。如果抗议是根据规则60.3（a）（1）提出的，抗议委员会也须决定有问题的事件是否造成了受伤或严重损坏。如果没有，须关停此审理。

63.6 取证和认定事实

（a）抗议委员会须从出席审理的各方和他们的证人处获取证据，包括传闻证据，以及获取其认为必要的其他证据。然而，委员会可以排除其认为不相关或过度重复的证据。

（b）目睹了事件的抗议委员会成员须在各方在场时说明事实并提供证据。

（c）出席审理的一方可向任何提供证据的人提问。

（d）然后，委员会须对其获取的认为适当的证据进行权重分配，认定事实并据此做出裁决。

63.7 规则间的冲突

如果两条或多条规则之间发生冲突，则必须在抗议委员会做出裁决之前解决，委员会须采纳其认为能给所有受影响的船提供公平结果的规则。只有在竞赛通知、航行细则或规则的定义（g）所说的约束赛事的其他文件中的规则之间发生冲突时，规则

63.7才适用。

63.8 涉及不同赛事中各方的审理

涉及不同组织机构组织的不同赛事中各方的审理，须由这些组织机构能接受的一个抗议委员会来审理。

63.9 根据规则60.3（d）的审理–后援人员

如果抗议委员会决定根据规则60.3（d）召集审理，它须迅即根据规则63.2、63.3、63.4和63.6的程序进行，但向一方提供的信息须包括涉嫌违规的细节，抗议委员会可以指定一人出面做指控陈述。

64 裁决

64.1 证据的标准，多数人的决定和请求的重新分类

（a）抗议委员会须基于盖然性权衡做出裁决，除非涉嫌违反了的规则另有规定。

（b）抗议委员会的裁决须以简单的所有成员多数票通过。当投出平票时，主席可以多投一票。

（c）抗议委员会须根据书面申请中的信息或审理期间的指控和证词，将每个案件按照抗议、补偿要求或其他类型的要求进行分类处理。在适当时，允许改变案件的类型。

64.2 惩罚

当抗议委员会裁决作为一个抗议审理一方的一条船违反了规则并不被免责时，须取消其资格，除非有其他适用的惩罚。不管抗议中是否提及所适用的规则，惩罚都须被执行。如果一条船不是在竞赛时违反了规则，对其的惩罚须在距离违反规则的事件发生时间最近的已航行轮次执行。但是，

（a）如果一条船已经接受了适用的惩罚，根据规则不得对其做出进一步惩罚，除非其违反规则的取消资格的惩罚是不能从系列赛积分中去掉的。

（b）如果该轮竞赛再次起航或者重赛，规则36适用。

64.3 补偿的决定

当抗议委员会决定某船根据规则62享有补偿权时，须尽可能对所有受影响的船做出合理公平的安排，不管其是否提出补偿要求。可通过调整计分（见规则A9的例子）或船到达终点的时间、放弃竞赛、使成绩有效或做出其他安排。当对事实、竞赛或系列赛成绩的任何安排结果有疑问时，特别是在放弃竞赛前，抗议委员会须从适当的来源中找出证据。

64.4 涉及级别规则抗议的裁决

（a）当抗议委员会发现由于受损或正常磨损而使船的误差超过了级别规则的规

定，但并不会提高该船的性能时，不得对其做出惩罚。但是，该船在修正误差之前不得再参加竞赛，除非抗议委员会认为该船此时没有或已经没有合理的机会进行修正。

（b）当抗议委员会对某一级别规则的含义有疑问时，它须将问题连同有关事实一起提交给负责解释规则的一个管理机构。抗议委员会须依据管理机构的回复进行裁决。

（c）当一条船由于违反级别规则被判罚，且抗议委员会判定该船在该赛事其他已经完成的轮次中也违反了同样的规则时，该判罚可以适用于所有这样的轮次。无需进一步抗议。

（d）当根据级别规则被判罚的船以书面形式声明她准备提出上诉时，她可在不对船进行改变的情况下继续参加后面的竞赛。但是，如果她上诉失败或在上诉中被裁决为败诉，那么她后面所有已经参加过的竞赛轮次将被取消的资格，无须进一步审理。

（e）涉及级别规则的抗议所产生的丈量费用须由败诉一方支付，除非抗议委员会做出了其他裁决。

64.5 涉及后援人员的裁决

（a）当抗议委员会认定按规则60.3（d）或69作为审理的一方的后援人员违反了规则，它可以

（1）给予警告，

（2）将其逐出赛事或场馆，或者剥夺其享有的权利或收益，或

（3）在规则规定的权限内采取其他行动。

（b）抗议委员会还可以由于后援人员违反规则，对按规则60.3（d）或69进行审理的一方的船进行惩罚，改变该船单轮计分，判罚最高可至并包括DSQ，条件是当抗议委员会裁定

（1）该船可能因后援人员的犯规而获得竞赛优势，或

（2）在抗议委员会上一次审理后书面警告某船可能对她进行判罚后，其后援人员继续犯规。

64.6 自由裁量的判罚

当一条船在抗议时限内报告她违反了自由裁量的规则，抗议委员会须在向它认为合适的船和其他证人取证后做出适当的判罚。

65 通知各方和其他人

65.1 做出裁决后，抗议委员会须迅即通知参加审理的各方所认定的事实、适用的规则、裁决及其理由和所给予的惩罚或补偿。

65.2 审理的一方只要在得到裁决通知后7天内要求抗议委员会提供有关上述裁决的

书面材料，她就有权获取该材料。抗议委员会须迅即提供该信息，包括委员会准备或认可的相关的事件图示。

65.3 任何审理之后，包括根据规则69进行的审理，抗议委员会可以张贴规则65.1所列出的信息，除非有不这样做的充分理由。抗议委员会可以指出该信息对各方是保密的。

65.4 当抗议委员会依据级别规则对某船进行惩罚时，它须将上述信息递交给相关级别规则管理机构。

66 重新审理

66.1 当抗议委员会认为自己可能有明显的错误或在合理的时间内又获得了值得关注的新证据时，可重新召集审理。当国家或地区管理机构根据规则71.2和R5要求重审时，抗议委员会须重新审理。

66.2 在得到裁决通知后的24小时内，审理的一方可以书面方式要求重新审理。

（a）但是，在竞赛日程排定的最后一天，须按如下要求递交请求：

（1）如果提出请求的一方是在前一天被告知裁决的，在抗议时限内；

（2）如果一方在当天被告知裁决的，在被告知后30分钟内。

66.3 抗议委员会须考虑所有重新审理的请求。当重新审理的请求被考虑或者重新审理时，

（a）如果仅基于新证据，若可行，重新审理的抗议委员会大多数成员须是原抗议委员会的成员；

（b）如果基于明显的错误，若可行，重新审理的抗议委员会须至少有一名新成员。

67 损坏

因违反任一规则而引起的损坏问题，如果国家或地区管理机构有此方面的规定，须以此进行处理。

注：此处没有规则68。

C节 品行不端

69 品行不端

69.1 不做品行不端的事的义务；解决方法

（a）选手、船东或后援人员不得做出品行不端的行为。

（b）品行不端指的是：

（1）不文明礼貌，破坏体育精神的举止或不道德的行为；或

（2）可能或已经给体育运动抹黑的行为。

（c）关于违反规则69.1（a）的指控须依据规则69的条款解决。它不得作为抗议的依据，且规则63.1不适用。

69.2 抗议委员会的行动

（a）根据本条规则行事的抗议委员会至少须有3名成员。

（b）当抗议委员会根据自己的观察或从其他任何渠道得来的信息，包括审理中得到的证据，认为某人可能已经违反了规则69.1（a），委员会须决定是否召集审理。

（c）当抗议委员会需要更多的信息来决定召集审理时，须考虑任命一名或多名人员来进行调查。这些调查员不得为对此事有决定作用的抗议委员会成员。

（d）调查人员被任命之后，他所搜集的所有相关信息，不管是有利的还是不利的，都须对抗议委员会公开，如果抗议委员会决定召集审理，这些信息须对各方公开。

（e）如果抗议委员会决定召集审理，委员会须迅即以书面形式通知此人其被控违反规则，以及审理的时间和地点，并遵守规则63.2、63.3（a）、63.4、63.6、65.1、65.2、65.3和66中的程序，以下情况除外：

（1）除非世界帆联已任命一位人员来提出指控，否则抗议委员会可以指定一名人员提出指控。

（2）在此规则下，指控所针对的那个人须有权拥有一名顾问及一名能代表其言行的代表。

（f）如果此人

（1）提供了其不能在排定的时间出席审理的充足的理由，抗议委员会须重新安排审理时间；或

（2）不能提供充足的理由也没有出席审理，抗议委员会可以进行缺席审理。

（g）所运用的证据标准是测试抗议委员会是否完全满意，同时要考虑到被控品行不端的严重性。然而，如果此规则中的证据标准与某个国家或地区的法律和有关规定相冲突，那么国家或地区管理机构在征得世界帆联同意的前提下，可以通过针对本规则的国家或地区管理机构规定来进行更改。

（h）当抗议委员会认定选手或船东已经违反了规则69.1（a），可以采取以下一个或多个行动：

（1）发布警告；

（2）更改他们的船在一轮或多轮竞赛中的计分，包括可以和不可以从系列赛计分

中去掉的取消资格；

（3）将其逐出赛事或场馆，或者剥夺其享有的权限或利益，以及

（4）在规则提供的管辖权内采取其他行动。

（i）当抗议委员会认定某后援人员已经违反了规则69.1（a）时，规则64.5适用。

（j）如果抗议委员会

（1）给予一个比DNE更严重的判罚；

（2）将此人从赛事或场馆中逐出；或

（3）考虑到其认为合理的其他情况，

委员会须将发现的内容，包括认定的事实、其结论及裁决报送此人所在的国家或地区管理机构，或对于世界帆联规章中列举出来的一些特定国际赛事，向世界帆联报送。如果抗议委员会依据规则69.2（f）（2）行事，该报告也须包括那项事实及其原因。

（k）如果抗议委员会决定在当事人缺席的情况下不召集审理，或者如果抗议委员会在离开了赛事的情况下收到了违反规则69.1（a）的指控，竞赛委员会或组织机构可以任命相同或新的抗议委员会依据本条规则处理。如果抗议委员会无法组织审理，则须收集所有可用的信息，如果指控看起来是合理的，报送当事人所在的国家或地区管理机构，对于世界帆联规章中列举的一些特定国际赛事，须向世界帆联汇报。

69.3 国家或地区管理机构与世界帆联的行动

国家或地区管理机构和世界帆联适用的纪律处分权力、程序及责任在《世界帆联纪律守则》中有详细的说明。国家或地区管理机构和世界帆联有可能会追加处罚，包括依据守则暂停参赛资格。

D节 上诉

70 上诉和对国家或地区管理机构的请求

70.1

（a）只要没有依据规则70.5被驳回上诉权，审理的一方可对抗议委员会的裁决或程序提出上诉，但不能对认定的事实提出上诉。

（b）当一条船依规则63.1所要求的审理被驳回时，可以上诉。

70.2 抗议委员会可请求对其裁决进行确认和修正。

70.3 根据规则70.1提出的上诉或抗议委员会根据规则70.2提出的要求须被送至按规则89.1与组织机构相关联的国家或地区管理机构。然而，当船在竞赛中将通过不止一个国家或地区管理机构的水域时，上诉或请求须送至终点线所在的国家或地区管理机构，除非航行细则明确规定了另一个国家或地区管理机构。

70.4 只要不涉及有可能上诉的抗议或补偿要求，隶属某一个国家或地区管理机构的俱乐部或其他组织可要求对规则进行解释。解释不得被用来改变抗议委员会之前做出的裁决。

70.5 不得对按附录N要求建制的国际仲裁委员会的裁决提出上诉。而且，如竞赛通知或航行细则中有如此规定，上诉权可被驳回，前提是

（a）必须迅即确定竞赛的结果，以使船有资格参加该赛事后阶段的比赛或后续的赛事（国家或地区管理机构可以规定这样的程序需得到它的批准）；

（b）在只允许由隶属于国家或地区管理机构的组织、隶属于国家或地区管理机构的组织会员，或是那个国家或地区管理机构的个人会员报名的特定赛事上，国家或地区管理机构批准这样做时；或

（c）经国家或地区管理机构与世界帆联协商后批准的某一特定赛事中，前提是抗议委员会是按附录N的要求建制，其例外是该抗议委员会只需要2名成员为国际仲裁。

70.6 上诉和请求须符合附录R的规定

71 国家或地区管理机构的裁决

71.1 有利益冲突或曾是抗议委员会成员的人不得参加对上诉及确认或修正请求的讨论和裁决。

71.2 国家或地区管理机构可维持、更改或推翻抗议委员会的裁决，包括有效性的裁决或者根据规则69做出的裁决。或者，国家或地区管理机构可以要求重新进行审理，或者由相同或不同的抗议委员会进行新的审理。当国家或地区管理机构决定须进行新的审理时，它可以任命该抗议委员会。

71.3 当从抗议委员会认定的事实中，国家或地区管理机构认定作为抗议审理一方的某船违反了规则且没有被免责，须对其进行惩罚，不管之前的抗议委员会裁决中是否提到该船或那条规则。

71.4 国家或地区管理机构的裁决须为最终裁决。国家或地区管理机构须将其裁决以书面形式发至审理的各方及抗议委员会，他们须遵守该裁决。

第六章 报名与资格

75 赛事报名

船在报名参加一场赛事时，须符合赛事组织机构的要求。她须以下列名义报名：

（a）隶属世界帆联会员管理机构的俱乐部或其他组织的会员，

（b）这样的俱乐部或组织，或

（c）世界帆联会员管理机构的会员。

76 船或选手的禁赛

76.1 在遵从规则76.3的前提下，组织机构或竞赛委员会可以拒绝或取消某条船或选手的报名，但要在第一轮竞赛开始之前并声明此做法的理由。理由须迅即以书面形式应要求告知该船。如果该船认为该拒绝或取消报名是错误的，她可以要求补偿。

76.2 组织机构或者竞赛委员会不得因广告拒绝或者取消一条船或选手的报名，或者拒绝选手参赛，前提是该船或选手符合《世界帆联广告守则》。

76.3 在世界和洲际锦标赛中，如未先获得有关世界帆联级别协会（或离岸赛理事会）或世界帆联的批准，不得拒绝或取消规定限额内的报名。

77 帆上识别标志

船须遵守附录G有关帆上的级别标识、国家或地区代码和帆号的规定。

78 遵守级别规则；证书

78.1 当一条船参加竞赛，船东和其他负责人须保证该船符合其级别规则，如果有证书的话，须保持其丈量和评级证书有效。此外，在其他时间，该船也须符合级别规则、竞赛通知或航行细则的规定。

78.2 当规则要求船在竞赛前出示有效的证书或证明证书存在，而未能这样做时，在竞赛委员会收到有船只负责人签字证明的关于有效证书确实存在的声明后，该船可以参加竞赛。该船须在赛事或第一个系列赛的最后一个竞赛日（以较早的为准）起航前出示证书或者安排由竞赛委员会验证其证书确实存在。违反本规则的判罚是取消该船在本赛事中所有轮次的资格而无须审理。

79 分类

如果竞赛通知或者级别规则声明一些或者全部的选手必须符合分类的要求，就须根据《世界帆联选手分类法则》所规定的要求来进行分类。

80 日程重新排定的赛事

当一场赛事被重新排定到与竞赛通知所规定的不同时间时，须通知所有已报名的船。竞赛委员会可接受符合除原报名截止日期外的所有报名条件的新报名。

第七章　竞赛组织

85 规则的更改

85.1 对规则的更改须特别指明哪条规则并描述该更改。对规则的更改包括对其进行增补或对其全部或部分的删除。

85.2 对以下类型的规则的更改只能按照下表所列的情况做出：

规则类型	只能按以下规则所允许的进行更改
竞赛规则	规则86
世界帆联守则中的规则	守则中的规则
国家或地区管理机构的规定	规则88.2
级别规则	规则87
竞赛通知中的规则	规则89.2（b）
航行细则中的规则	规则89.2（c）
赛事执行的其他文件中的规则	本文件中的规则

86 竞赛规则的更改

86.1 不得更改竞赛规则，除非规则本身允许或有下列情况：

（a）国家或地区管理机构的规定可以更改竞赛规则，但不能更改：定义；基本原则；导言中某条规则；第一、二或七章；规则42、43、47、50、63.4、69、70、71、75、76.3和79；附录中更改这些规则的某条规则；附录H和N；规则6.1所列的世界帆联守则中的某条规则。

（b）竞赛通知或航行细则可以对竞赛规则进行更改，但不能更改规则76.1、76.2、附录R和规则86.1（a）中所列的规则。

（c）级别规则只可以对竞赛规则42、49、51、52、53、54和55进行更改。

86.2 除规则86.1的规定外，世界帆联可在有限的条件下（参见世界帆联规章28.1.3）授权给特定的国际赛事更改规则。该授权须在给赛事组织机构的批准书中以及竞赛通知或航行细则中声明，该批准书须张贴在赛事官方公告栏上。

86.3 若国家或地区管理机构有如此规定，如果规则的更改是为了发展或测试所建议的规则，那么规则86.1中的限制不适用。国家或地区管理机构可以在规定中要求此

类更改需经其批准。

87 级别规则的更改

只有当级别规则允许更改时，或者当级别协会在官方公告栏发布更改的书面许可时，竞赛通知才可以更改级别规则。

88 国家或地区规定

88.1 适用的国家或地区规定

适用于某赛事的国家或地区规定是按规则89.1与组织机构相关联的国家或地区管理机构的规定。然而如果船在竞赛中将航越不止一个国家或地区管理机构的水域时，竞赛通知须说明所适用的规定及其适用的时间。

88.2 国家或地区规定的更改

竞赛通知或航行细则可以更改某一国家或地区规定。然而，国家或地区管理机构可以针对本条规则做出规定，对其规定的更改加以限制，条件是世界帆联同意其这么做。受限制的规定不得被更改。

89 组织机构；竞赛通知；竞赛官员的任命

89.1 组织机构

竞赛须由下列组织机构来组织：

（a）世界帆船运动联合会；

（b）世界帆船运动联合会的一个会员国家或地区管理机构；

（c）隶属的俱乐部；

（d）如果国家或地区管理机构这样规定的话，获得国家或地区管理机构许可的或者与一个隶属俱乐部联合的一个隶属组织而不是俱乐部；

（e）经国家或地区管理机构批准或与某隶属俱乐部联合的非隶属的级别协会；

（f）2个或2个以上上述组织；

（g）与某隶属俱乐部联合的某非隶属团体，该团体为俱乐部拥有和控制。该俱乐部的国家或地区管理机构可规定此类赛事需得到其批准；或

（h）如果获得了世界帆联和俱乐部的国家或地区管理机构的允许，一个与隶属俱乐部联合，不归此俱乐部拥有和控制的非隶属实体。

在规则89.1中，如果一个组织机构隶属于该场馆所在地的国家或地区管理机构，那么该组织机构就是隶属的组织机构，否则就是非隶属的组织机构。但是，如果竞赛

中船将会航越一个以上国家或地区管理机构的水域，当该组织机构隶属于船只停靠港口之一的国家或地区管理机构时，该组织就是隶属的组织机构。

89.2 竞赛通知；竞赛官员的任命

（a）组织机构须按照规则J1发布竞赛通知。

（b）只要给予了充分的通知，竞赛通知可以被更改。

（c）组织机构须任命竞赛委员会并在适当时任命抗议委员会、技术委员会和现场裁判。但是，根据世界帆联规章，世界帆联可任命竞赛委员会、国际仲裁委员会、技术委员会和现场裁判。

90 竞赛委员会；航行细则；计分

90.1 竞赛委员会

竞赛委员会须在组织机构的指导下根据规则要求实施竞赛。

90.2 航行细则

（a）竞赛委员会须发布符合规则J2的书面航行细则。

（b）合适时，当希望有其他国家或地区报名参加赛事的时候，航行细则须包括英文版的所适用的国家或地区规定。

（c）可以更改航行细则，前提是更改要在航行细则规定的时间前以书面形式张贴在官方公告栏上，或当在水上时，于预告信号之前通知到每条船。口头的更改只能在水上进行，并要事先在航行细则中注明口头传达的程序。

90.3 计分

（a）除非竞赛通知或航行细则规定了某些其他方法，否则竞赛委员会须按照附录A的规定对一轮竞赛或系列赛进行计分。如果一轮竞赛没有被放弃，一条船起航、行驶航线并在竞赛时限内到达终点，即使该船到达终点后退出了竞赛或被取消了资格，该轮竞赛也须被计分。

（b）当计分方法规定取消一轮或多轮的分数时，任何被记为不能去掉的取消资格（DNE）的分数都须带入船只系列赛总分。

（c）当竞赛委员会从自己的记录或者观察中确定某条船的计分不正确时，须改正该错误并将改正的得分告知选手。

（d）竞赛委员会须按照抗议委员会或国家或地区管理机构根据规则做出的裁决结果进行成绩更改。

（e）尽管规则90.3（a）、（b）、（c）和（d）有所规定，但当竞赛通知中规定此条适用时，在下述时间起的24小时后，不得因采取的行动而更改竞赛或系列赛的成绩，

包括更正错误记分：

（1）系列赛最后一轮竞赛的抗议时限（包括单一轮次的系列赛）；

（2）系列赛的最后一轮竞赛（包括单一轮次的系列赛）后，得到抗议委员会的裁决通知；

（3）发布了成绩。

但例外的是，依规则6、69、70做出的裁决结果须更改成绩。竞赛通知可以将"24小时"改为其他时间。

91 抗议委员会

抗议委员会须是

（a）由组织机构或竞赛委员委会任命的委员会；

（b）由组织机构或依照世界帆联规章的规定任命的国际仲裁委员会。国际仲裁委员会的建制须遵照规则N1的要求，并且享有规则N2所规定的权利和义务。国家或地区管理机构对其权限内管辖的竞赛可以做这样的规定：任命的国际仲裁委员会需得到其批准，除非是世界帆联组织的赛事或国际仲裁委员会是按照规则89.2（c）由世界帆联任命的；或

（c）根据规则71.2由国家或地区管理机构任命的委员会。

92 技术委员会

92.1 技术委员会须为至少有一名成员的委员会，由国家或地区管理机构或者竞赛委员会，或者按照世界帆联规章的规定任命。

92.2 技术委员会须按照组织机构的指示和规则的要求进行器材检查和赛事丈量。

附录A　计分

参见规则90.3。

A1 竞赛轮次

在竞赛通知或航行细则中须注明排定的竞赛轮次及构成一场系列赛所要完成的竞赛轮次。

A2 系列赛的计分

A2.1 依据规则90.3（b），每条船系列赛的得分须为去掉最差得分的全部竞赛得分

的总和。但是，竞赛通知或航行细则可以做出不同的规定，比如不去掉任何得分、去掉两轮或更多的得分，或者完成一定数量轮次的竞赛将去掉一定轮次的分数。如果有计分，该轮竞赛就算完成了；参见规则90.3（a）。如果一条船有两个或两个以上的同样最差分数，须去掉在系列赛最前面的竞赛分数。获得最低系列赛分数的船获胜，其他船的排名须依此类推。

A2.2 一旦一条船参加了系列赛中的一轮竞赛，那么其整个系列赛都须被计分。

A3 起航时间和到达终点名次

一条船起航信号的时间须作为其起航时间，须按到达终点的顺序决定其终点名次。但如果使用了让分制或评级制的计分法，须按修正后的时间决定其终点名次。

A4 计分方法

使用低分计分方法，除非竞赛通知或航行细则中规定了另外的计分方法；参见规则90.3（a）。

每条船起航并到达终点，其后没有退出竞赛、没有被惩罚或给予补偿，她们的分数须按如下方法计算：

终点名次	分数
第一名	1
第二名	2
第三名	3
第四名	4
第五名	5
第六名	6
第七名	7
此后每名次	加1分

A5 竞赛委员会决定的计分

A5.1 一条船没有起航，行驶航线或到达终点，或没有遵守规则30.2、30.3、30.4、78.2，或退出竞赛或按规则44.3（a）接受惩罚，其分数须由竞赛委员会在无须审理的情况下进行相应计分。只有抗议委员会可以采取其他的计分行动，使一条船的分数更差。

A5.2 一条船没有起航，没有行驶航线，没有到达终点，退出竞赛或被取消资格，其终点名次的计分须为报名参加该系列赛的所有船数加1。一条船根据规则30.2被判罚或根据规则44.3（a）接受惩罚，其计分须为规则44.3（c）中所规定的分数。

A5.3 如果竞赛通知或航行细则中规定规则A5.3适用，规则A5.2则更改为：一条船来到起航区域但没有起航，没有行驶航线，没有到达终点，退出竞赛或被取消资格，其终点名次的计分须为来到起航区域的所有船数加1，一条船没有来到起航区域，其终点名次的计分须为报名参加该系列赛的所有船数加1。

A6 其他船的名次和分数的改变

A6.1 如果一条船在一轮竞赛中被取消资格或在到达终点后退出竞赛，其后面的每条船须向前移动一个名次。

A6.2 如果抗议委员会为给予一条船补偿而调整分数时，其他船的分数不得改动，除非抗议委员会做出其他决定。

A7 单轮竞赛中的平分

如果在到达终点线后船只出现平分或使用让分或评级制记分方法时船只修正后的时间相同时，平分船的名次得分须与下面紧连的名次得分相加并取其平均分。得分相同的船获得该轮奖励时须共享或获得同等的奖品。

A8 系列赛的平分

A8.1 如果在两条船或更多的船之间发生了系列赛的平分，每条船的各轮分数将按从最好到最差的顺序排列，在第一个出现差异的分数处，以分数好者列前来打破平分。不得使用被去掉的分数。

A8.2 如果两条船或更多船的分数仍然相同时，以最后一轮竞赛中船的分数顺序来打破平分。如果有两条以上的船分数仍相同，将根据并列船的倒数第2轮的分数来打破并列，以此类推，直到并列被打破。即使是被去掉的分数也须用来打破平分。

A9 补偿指南

如果抗议委员会决定给予一条船补偿而调整一轮分数，建议考虑按如下方式进行计分：

（a）给予的分数等于系列赛中扣除其有问题的一轮竞赛后所有轮次得分的平均数，四舍五入精确到小数点后面一位数；

（b）给予的分数等于有问题的这轮竞赛之前的全部竞赛得分的平均数，四舍五入精确到小数点后面一位数；或

（c）根据给予补偿的事件发生时船所在的位置给予分数。

A10 计分缩写

须使用下列计分缩写记录下述情况：

DNC 未起航；未来到起航区

DNS 未起航（不同于DNC和OCS）

OCS 未起航；起航信号发出时处于起航线航线一侧并且起航失败，或违反规则30.1

ZFP 根据规则30.2执行20%惩罚

UFD 根据规则30.3被取消资格

BFD 根据规则30.4被取消资格

SCP 接受分数惩罚

NSC 未行驶航线

DNF 未到达终点

RET 退出竞赛

DSQ 取消资格

DNE 不能去掉的取消资格

RDG 给予补偿

DPI 施以自由裁量的惩罚

附录G　帆上标识

参见规则77。

G1 世界帆联级别的帆船

G1.1 识别标记

世界帆联级别的每条帆船须在其主帆上携有，并仅按照规则G1.3（c）的字母和号码规定在球帆和前帆上携有：

（a）代表该级别的标识；

（b）在所有国际赛事中，除了向所有选手提供帆船外，下表中的代表国家或地区

管理机构的国家或地区代码。针对本规则而言，国际赛事是指世界帆联赛事、世界和洲际锦标赛，以及在竞赛通知和航行细则中描述为国际赛事的赛事；以及

（c）由国家或地区管理机构分配的，或者级别规则或级别协会这样要求的不多于四位数字的帆号。这四位数字的限制不适用于在1997年4月1日前获得世界帆联成员资格或承认的级别。或者，如果级别规则允许，船东可以由相应的认证协会分配一个个人帆号，可以用于该级别中他所有的帆船。

1999年3月31日前丈量的帆须符合规则G1.1或符合其丈量时所适用的规则。

注：世界帆联网站上可以查询到国家或地区帆上代码。

G1.2 规格

（a）国家或地区代码和帆号须符合以下要求：

（1）大写字母和阿拉伯数字，

（2）颜色相同，

（3）与帆的主体颜色呈对比色，以及

（4）无衬线字体。

此外，在帆升起时，识别该船的字母和数字须清晰可辨。

（b）字符的高度和在帆的同一面或反面相邻字符的距离与船的总长关系如下：

总长	最小高度	字符之间与帆边的最小间隔
3.5 m以下	230 mm	45 mm
3.5 m~8.5 m	300 mm	60 mm
8.5 m~11 m	375 mm	75 mm
11 m以上	450 mm	90 mm

G1.3 位置

级别标识、国家或地区代码和帆号的位置须符合以下要求：

（a）总体

（1）若适用，级别标识、国家或地区代码和帆号须放置在帆的两面，且右舷一面的较高。

（2）国家或地区代码须在帆的每一面上高于帆号放置。

（b）主帆

（1）在可能的情况下，级别标识、国家或地区代码和帆号须完全位于以帆顶为圆心、以帆后缘长度的60%为半径画出的圆弧线的上方。

（2）级别标识须位于国家或地区代码之上。如果级别标识的设计背靠背放置于帆的两面时是重合的，就可以这样放置。

（c）前帆和球帆

（1）仅要求在底边长度大于前三角底边长度1.3倍以上的前帆上展示国家或地区代码和帆号。

（2）前帆上的国家或地区代码和帆号须完全位于以帆顶为圆心、以前缘长度的50%为半径画出的弧线的下方；如果可能的话，完全位于以前缘长度的75%为半径画出的弧线的上方。

（3）国家或地区代码和帆号须放置在球帆的前面一侧，但也可以放置在球帆的两面。它们须完全位于以帆顶为圆心、以底边中线的40%为半径画出的弧线的下方，如果可能的话，完全位于以底边中线60%为半径画出的弧线的上方。

G2 其他帆船

其他帆船在标志、字母和数字的分配、携有和尺寸方面须遵守其国家或地区管理机构或级别协会的规则。这些规则在实施时须与上述要求一致。

G3 租借的船

当竞赛通知或航行细则中有规定时，为参加某一赛事租借的帆船可以携有违背其级别规则的国家或地区代码或帆号。

G4 警告和惩罚

当抗议委员会认定一条船已经违反了本附录的规则时，须警告该船并给其时间改正或对其进行惩罚。

G5 级别规则所做的更改

世界帆联级别组织可以更改本附录的规则，前提是首先要得到世界帆联的批准。

附录P 规则42的特殊程序：

只有竞赛通知或航行细则中有此说明时，本附录的全部或部分才适用。

P1 观察员和程序

P1.1 抗议委员会可以任命包括抗议委员会成员在内的人担任观察员，来执行规则P1.2的规定。有显著利益冲突的人不得被任命为观察员。

P1.2 根据规则P1.1任命的观察员看到有船违反规则42时，可以尽快发出音响信号，用黄旗指向该船并呼喊其帆号来判罚她，即使她已经不再竞赛。在同一事件中，已经被如此判罚的船不得再次被判罚。

P2 判罚

P2.1 第一次判罚

当一条船根据规则P1.2第一次被判罚时，对她的惩罚须为符合规则44.2的一个两圈解脱。如果她没有做解脱，无需审理，她须被取消资格。

P2.2 第二次判罚

当一条船在一场赛事中第二次被判罚时，她须迅即退出当轮竞赛。如果她没有这样做，无需审理，她须被取消资格且该分数不得被去掉。

P2.3 第三次及其后的判罚

当一条船在一场赛事中第三次或更多次被判罚时，她须迅即退出竞赛。如果她这样做了，无需审理，她须被取消资格且该分数不得被去掉。如果她没有这样做，无需审理，对她的惩罚须为取消其在该赛事中所有轮次的资格，分数均不得去掉，而且抗议委员会须考虑根据规则69.2召集审理。

P2.4 靠近终点线处的判罚

如果一条船根据规则P2.2或者P2.3被判罚，且在其到达终点之前没有合理的可能来退出竞赛，她须按照她迅即退出了竞赛那样被计分。

P3 推迟、全召或放弃

如果一条船已经根据规则P1.2被判罚，之后竞赛委员会发出推迟、全召或放弃信号，那么对她的判罚将被取消，但是她在此赛事中被判罚的次数将被累计。

P4 补偿的限制

只有当抗议委员会成员或者其任命的观察员因为没有考虑到竞赛委员会信号或级别规则时，根据规则P1.2做出的错误行动才可以被给予补偿。

P5 O旗和R旗

P5.1 当规则P5适用时

如果级别规则在风速超过某一限定值时允许摇帆、摇船和前冲，那么规则P5适用。

P5.2 在起航信号发出前

（a）竞赛委员会可按级别规则的规定，通过在预告信号之前或与预告信号一起展示O旗来发出信号，表明允许摇帆、摇船和前冲。

（b）如果风速在展示O旗后变得比规定的风速限制小，竞赛委员会可以推迟竞赛。接下来，在新的预告信号发出前或发出时，竞赛委员会须展示R旗表示被级别规则更改的规则42适用，或者根据规则P5.2（a）的规定展示O旗。

（c）如果O旗或R旗在预告信号之前或与预告信号一起展示，它须被一直展示至起航信号发出。

P5.3 在起航信号发出后

在起航信号发出后，

（a）如果风速超过了规定的限制，竞赛委员会可以在标志旁展示O旗同时伴随重复音响，表示根据级别规则，船通过该标志后可以摇帆、摇船和前冲；

（b）当O旗已经被展示但是风力变得小于规定的限制时，竞赛委员会可以在标志旁展示R旗同时伴随重复音响，表示船通过该标志后，根据级别规则更改的规则42适用。

附录R 上诉和申请程序

参见规则70。国家或地区管理机构可以根据其规定来更改本附录，但是不得根据竞赛通知或航行细则来更改本附录。

R1 上诉和申请

上诉、抗议委员会就其裁决提出的确认或更正的申请，以及要求对规则进行解释的申请须按本附录执行。

R2 文件的递交

R2.1 提请一个上诉时：

（a）在收到抗议委员会书面裁决或其不重新审理的决定之后的15日内，申诉人须向国家或地区管理机构递交一份上诉申请和抗议委员会的裁决复印件。该上诉须写明申诉人认为抗议委员会的裁决或其程序不正确的原因；

（b）如果按照规则63.1要求的审理没有在抗议或者要求补偿的申请递交后的30日内召集的话，申诉人须在此后的15日内，连同抗议或者补偿请求以及任何与此有关的文件的复印件一起，递交一份上诉申请。如果理由充分，国家或地区管理机构须延长

这个时限；

（c）当抗议委员会未能遵守规则65时，申诉人须在审理后适当的时间内，连同抗议或补偿请求以及任何与此有关联的文件的复印件一起，递交一份上诉申请。

如果无法获得抗议或者补偿请求的复印件，申诉人须递交一份相关事实陈述作为替代。

R2.2 申诉人还须在提交上诉时或提交上诉后尽快递交下列其所拥有的材料：

（a）书面抗议或补偿申请；

（b）由抗议委员会准备或认可的示意图，其展示了所有涉及该事件的船只的位置和轨迹、到下一标志的航线和规定的一侧、风力和风向，如果相关的话，还有水深及水流的方向与速度；

（c）竞赛通知、航行细则、赛事执行的其他文件及对它们的更改；

（d）任何其他相关的文件；以及

（e）审理各方和抗议委员会主席的姓名、邮政编码、电子邮箱地址和电话号码。

R2.3 来自抗议委员会的对其裁决的确认和更正的请求须在做出裁决后的15日内提请，且须包括裁决内容和规则R2.2列出的文件。对规则解释的请求须包括假定的事实。

R3 国家或地区管理机构和抗议委员会的责任

当收到上诉或者要求确认或更正的请求时，国家或地区管理机构须向各方和抗议委员会发送该上诉或请求以及抗议委员会裁决的复印件。国家或地区管理机构须要求抗议委员会提交规则R2.2列出的申诉人和抗议委员会没有递交的任何相关材料，抗议委员会须迅即向国家或地区管理机构递交这些材料。国家或地区管理机构收到这些材料后须将其复印件发送给各方。

R4 意见与说明

R4.1 各方和抗议委员会可以通过向国家或地区管理机构递交书面报告的形式，对上诉或请求，或规则R2.2中列出的任何文件提出意见。

R4.2 国家或地区管理机构可以向不作为审理各方的组织机构寻求对赛事执行的规则的说明。

R4.3 国家或地区管理机构须视情况向各方和抗议委员会发送其收到的意见和说明的复印件。

R4.4 对任何文件的意见须在不晚于收到国家或地区管理机构发出的文件后15日内提出。

R5 事实不足；重新审理

国家或地区管理机构须接受抗议委员会认定的事实，除非其认为这些事实不充分。在这种情况下，国家或地区管理机构须要求抗议委员会提交事实补充材料或其他信息，或重新审理并报告任何新认定的事实，抗议委员会须迅即按此执行。

R6 撤销上诉

申诉人可以接受抗议委员会的裁决，在上诉被裁决前将其撤销。